AF260222

PRÉCIS

HISTORIQUE

DU SIÉGE

DE VALENCIENNES,

Par un Soldat du Bataillon de la Charente.

A PARIS,

Chez les Marchands de Nouveautés.

L'an 2ᵉ. de la République Française, une et indivisible.

AVIS.

Le défaut d'ouvriers a fait traîner dans les imprimeries cet ouvrage, lu il y a plus d'un mois à la société de Compiègne. L'auteur a supprimé tout ce qui avoit rapport au Génie, et à la manière dont ce corps a défendu la place. Il a sur cet objet des faits certains; mais il a pensé qu'un silence absolu sur des matières qui ne lui sont pas familières, étoit pour lui un devoir.

Il avertit aussi que ce qu'il dit du bataillon permanent (page 19) ne doit pas être regardé comme un fait, quant au refus de marcher aux palissades. Le seul fait est que Ferrand s'en plaignit à l'ordre, et que l'ennemi le sut dès le lendemain. Le général, mieux instruit quelques jours après par le brave commandant de ce bataillon, répara son erreur, et leur accorda le double prêt comme au reste de la garnison; toujours est-il certain que l'ennemi fut instruit de suite de ce que portoit l'ordre de ce jour ; et c'est tout ce qu'on veut établir dans l'endroit en question.

PRÉCIS

HISTORIQUE

DU SIÉGE

DE VALENCIENNES,

Par un Soldat du Bataillon de la Charente, en garnison dans cette Ville.

QUELLE est cette politique, ou cette insouciance, qui laisse dans l'obscurité les événemens les plus intéressans et les plus propres à l'instruction publique ? Chacun de ceux qui ont été au siége de Valenciennes raconte de son côté une particularité, quelques circonstances, et il se forme de tout cela, avec les additions des secondes et troisièmes mains, un tout méconnoissable et même entièrement fabuleux. J'en ai déjà vu de frappans exemples dans les journaux.

Le rapport succint des commissaires Cochon et Briez, est très-exact ; tout ce qu'ils disent est vrai, mais ils n'ont pas dit tout ce qui étoit ; et d'ailleurs,

A

la nature même d'un rapport ne permet pas les détails et les réflexions que comporte le récit d'un historien.

Pour moi, j'espère que mes camarades d'armes reconnoîtront tous les faits que je vais rapporter. Si j'en omets quelques-uns d'importans, ou que j'en présente d'autres sous un faux jour, je les invite à publier leurs observations, afin de fixer avec précision la vérité sur un événement que nous avons tous vu, et qui étant rendu dans toute son exactitude, offrira une source d'instruction aux soldats et aux chefs, et au politique qui veut sincèrement le bien de sa patrie.

Le siége de Valenciennes ne fut pas seulement un choc de la force étrangère contre la force nationale ; ce fut dès le commencement une lutte de passions, d'intéréts et d'opinions, où nous vîmes d'un côté l'esprit mercantile et bourgeois, appuyé de l'autorité municipale, et de l'autre le génie ré-publicain et militaire, dirigé par des vues plus élevées d'intérêt national, ayant pour objet les loix et le devoir, lorsque les autres ne considéroient que leurs dangers personnels. L'espoir des puissans secours de la patrie fit long-tems pencher la balance à notre avantage ; mais enfin, la surprise des palissades, le 25, mit à découvert toute notre foiblesse ; et ce secret, voilé jusques-là par une sorte d'illusion, une fois révélé, il ne fut plus possible de contenir l'impatience populaire. Une partie des soldats épuisés ne fut pas fâchée de se voir ainsi forcée ; et le duc d'Yorck ayant jetté au milieu de cet ébranlement général la terreur d'un assaut, on ne songea plus qu'à la capitulation, qui assuroit aux ennemis la possession d'une place importante, aux habitans la fin d'un siége long et destructeur, et aux soldats le retour dans l'intérieur de la république. Telles furent les causes qui amenèrent ce résultat funeste, mais inévitable, vu l'inactivité et le silence de notre armée : car il est certain que si le soldat avoit eu un point fixe d'espérance, une époque déterminée, où il eut attendu des secours, il auroit tenu ferme jusqu'à ce tems ; mais deux mois d'une attente absolument vaine, épuisent bien la patience et l'espoir; et une armée bloquée qui n'espère plus, peut bien tenter un coup d'audace, s'ensevelir même par une résolution généreuse et subite, mais jamais se laisser exterminer partiellement dans une résistance inutilement prolongée. Entrons dans les détails.

On sait que le 23, notre armée fut forcée de quitter la position de Famars, après un combat vif et sanglant de l'avant-garde, dans le bois de Bonne-Espérance. Le camp ne fut point forcé, car dès la veille, toutes les dispositions étoient prises pour l'évacuation, et le combat de l'avant-garde durant toute la journée, ne servit qu'à faciliter le mouvement de la retraite. Dès le soir il y eut une proclamation de la municipalité, pour déterminer à sortir de la ville tous ceux que leurs affaires n'y retenoient point. Environ quatre à cinq cents personnes prirent des passeports, et sortirent dans le cours de la nuit; mais un assez grand nombre même d'étrangers, soit soldats, femmes et bourgeois, ayant attendu jusqu'au lendemain, furent surpris, et trouvèrent la route de Cambrai occupée par l'ennemi. On prit aussi la précaution de renvoyer tous les charriots et chevaux appartenans à l'armée ; précaution qui ne fut pas étendue assez loin, car les chefs connoissant la disette des fourrages, et l'inutilité de tant de chevaux dans une ville bloquée, auroient dû ne garder que ceux qui étoient strictement nécessaires pour le service de la place, et forcer par une contrainte salutaire tous les particuliers de renvoyer les leurs à Cambrai, sauf à prendre des arrangemens pour les indemnités. Cette faute fut sentie dès le troisième jour, où l'on commença à faire une boucherie de tous ces chevaux. Il fut réglé qu'on réserveroit ceux de la cavalerie et des officiers supérieurs, au nombre, je crois, de cent dix-sept, et que tout le reste, de onze cent environ, seroit tué de suite. Le motif de ce réglement, étoit de conserver le peu de fourrage qu'on avoit, pour la nourriture des autres chevaux nécessaires et des bestiaux renfermés dans la ville. Mais il a toujours paru étonnant qu'on se fût décidé à détruire un si grand nombre de chevaux, avant de s'être

assuré, par un recensement général, de tous les fourrages, si on n'avoit pas de quoi les nourrir. Les
commissaires et le général se sont constamment
refusés à une visite domiciliaire pour cet effet, et
Briez se souvient sans doute d'avoir dit à la société
populaire, qu'on s'étoit déterminé à ce parti, d'après
des raisons particulières, qui ne pouvoient être ren-
dues publiques; et qu'on connoîtroit plus tard, que
la prudence et la nécessité avoit commandé cette
mesure. Il est certain au moins, que les déclarations
auxquelles on jugea à propos de se borner, furent
bien au-dessous de la vérité, et même facilement
éludées. (1) J'ajouterai, pour terminer ce qui con-
cerne cet objet, qu'on détruisit moins de chevaux
qu'on ne l'avoit d'abord arrêté. Beaucoup de citoyens qui avoient des moyens de les nourrir, plusieurs même qui les nourrissoient avec du pain,
cachèrent les leurs. Envain une nouvelle proclamation enjoignit à tout propriétaire de chevaux de
les mener dans un dépôt commun, en y faisant
porter la provision particulière pour leur nourriture;
cet arrêté, comme la plupart de ceux qui furent
pris dans le cours du siége, n'eut d'abord qu'une
très-foible exécution, et tomba bientôt dans l'oubli.

---

(1) Le commissaire Cochon s'est plaint qu'un citoyen,
après avoir déclaré cinq à six mille bottes de foin, se trouva
n'en plus avoir après en avoir fourni environ neuf cents.

La seconde mesure de police générale qui fut prise, fut la taxation des denrées et comestibles, à-peu-près au prix où elles étoient le jour du blocus. L'effet de cette taxe, fut de faire disparoître une grande partie des objets de consommation, et la falcification des boissons. Il falloit plusieurs autres mesures à l'appui de celles-ci pour la rendre efficace ; mais en manquant un but, on en atteignit, sans le savoir, un autre très-utile ; c'est que la consommation devenant moins forte par la rareté et par la cherté des subsistances, cette sobriété forcée ménagea nos provisions pour des temps plus difficiles.

Comme on s'attendoit au bombardement, on indiqua aux citoyens les précautions à prendre dans cette circonstance : pour éviter l'incendie, on rendit public par la voie de l'affiche, ce qu'on pouvoit dire de plus utile à ce sujet, et tout se disposa pour imiter la généreuse résistance des Lillois. L'esprit de la garnison et même d'une bonne partie des habitans étoit excellent. La certitude qu'on avoit du voisinage de l'armée, parce qu'on savoit qu'elle n'avoit pas été vaincue, et qu'elle s'étoit seulement repliée vers Bouchain, inspiroit une sorte de sécurité. Quelques adresses et plusieurs écrits lancés à propos, confirmèrent cette heureuse disposition. Il parut successivement plusieurs lettres, sous le nom du père Duchêne, qui dans un style militaire et gai, faisoit circuler des vérités utiles, et des sentimens généyeux. La première de ces lettres s'adressoit *aux bons lurons de Valenciennes* ; la seconde, *aux peureux de Valenciennes* ; la troisième, *aux indifférens de Valenciennes* ; et les autres étoient sur divers sujets, tous analogues à la circonstance.

Vers les premiers jours de juin, le club proposa de donner des spectacles patriotiques, tels que le siége de Lille, &c. et de faire prêter un serment solemnel aux habitans et aux soldats, de s'ensevelir sous les ruines de la place plutôt que de la rendre. Les commissaires s'occupèrent sur-le-champ de ces deux propositions ; et deux jours après, la cérémonie eut lieu sur la grande place, au son de la musique militaire ; le serment fut prêté par les autorités constituées, les généraux, et tous les corps de la garnison, autour de l'autel de la Patrie, en présence des représentans du peuple. L'allégresse qui anima cette fête nous donna les plus belles espérances. Beaucoup de citoyens furent connus pour n'y avoir point pris de part ; on parla de prendre des informations exactes sur ce fait, et de désarmer comme suspects ceux qui seroient convaincus d'avoir refusé d'accéder à notre serment. Mais on ne donna aucune suite à cette proposition, ainsi qu'à plusieurs autres du même genre ; et on eut lieu de s'en repentir, lorsque sur la fin du siége les bourgeois sortirent tout armés du fond des caves, pour nous faire la loi , menaçant d'égorger tous ceux qui refuseroient de se rendre.

Il y eut dans les premiers jours du blocus de fréquentes contestations entre le général Ferrand et les canonniers : ceux-ci tiroient le canon du rempart sur les pelotons d'ennemis qu'ils pouvoient découvrir dans la plaine ; le général s'en plaignit, disant qu'outre la perte de la poudre , on indiquoit par-là aux assiégeans le nombre, la position et la portée de nos batteries , et qu'il étoit de principe qu'on ne devoit tirer que lorsque l'assiégeant commençoit sa deuxième parallele. Les canonniers, qui résistoient difficilement à l'envie de chatouiller l'ennemi, lorsqu'il paroissoit , cédèrent enfin à l'ordre formel du général. On laisse à ceux qui connoissent bien cette partie, d'apprécier les raisons de part et d'autre : ce que je puis affirmer, c'est qu'un canonnier, déserteur du régiment de Bezanson, au service des Anglois durant le siége , assura à nos gens, que si nous avions fait dès le commencement un feu tel que celui que nous fîmes par la suite, les assiégeans n'auroient jamais pu pousser leurs travaux aussi près de nous qu'ils les poussèrent.

Les choses étoient en cet état, et l'ennemi occuppé à tracer ses lignes et à établir ses batteries, n'avoit pas tiré un coup de canon, lorsque le dimanche 26 mai , il nous somma de lui rendre le poste de Marly, en observant, je crois, dans la sommation, que toute ville cernée ne pouvoit garder de poste extérieur à la place. Marly est un faubourg au sud-est de Valenciennes, où nous avions une redoute qui battoit sur la plaine, depuis le Rolleux jusqu'à la droite de Saultain. Des hommes de l'art ont prétendu que nos ouvrages dans ce faubourg étoit mauvais et même à contre-sens ; mais comme je n'y ai été travailler qu'en qualité de piocheur, il ne m'appartient pas de les juger. On a encore dit, et cela a une très-grande vraisemblance, que ce poste isolé ne pouvoit pas tenir, qu'il n'avoit qu'une force relative, c'est-à-dire, qu'il lui falloit à droite l'appui de la redoute, vers l'arbre de Préseaux, et à gauche, la hauteur du Rolleux. Le général Beauregard se trompa sans doute sur ce point, et confondit la force relative avec la force absolue , lorsqu'il assuroit aux soldats qui défendoient Marly, que ce village inquiétoit plus Cobourg que Valenciennes même, et lorsque leur montrant une couche de melons, il leur promettoit qu'ils les mangeroient là sur la place même, quoique leur maturité fût encore très-éloignée. Sa réponse à la sommation fut conforme à cette opinion ; mais la défense n'y répondit point du tout, car le village fut enlevé dans la même matinée. Le feu des assaillans fut très-violent, les boulets rouloient dans la redoute de toutes les hauteurs voisines, où pour mieux dire, ils y aboutissoient comme d'eux-mêmes , et nous n'eûmes que le temps de sauver nos pièces, que nous rentrâmes heureusement (1) dans la place vers les onze heures du matin.

Nous fûmes donc alors réduits à l'enceinte de la ville, et n'ayant d'autres limites que nos palissades. Nous attendions le résultat des travaux de l'ennemi, que nous découvrions de tous les côtés; plusieurs pensoient que ces grands ouvrages n'étoient que pour nous contenir, que leur forme étoit purement défensive. Les gens qui se prétendoient initiés dans les secrets de l'armée combinée, débitoient mystérieusement que nous ne serions pas bombardés, que le duc d'Yorck étoit un prince humain et généreux, qui d'ailleurs avoit des raisons pour se faire bien venir des François : on tira aussi, vers le même tems, une conjecture semblable d'une lettre apportée par un trompette; cette lettre avoit pour objet de réclamer des prisonniers que Custine avoit dit être dans Valenciennes, &c.; elle étoit signée général Ferrari, *commandant le blocus de Valenciennes.* On présuma, d'après cette signature, que notre affaire se termineroit à un blocus; c'étoit conclure un peu légère-

____

(1) Je sais qu'il y eut quelque désordre parmi les conducteurs des caissons, qui emportèrent, en se sauvant, les boulets qui convenoient à nos pièces, et en laissèrent qui ne pouvoient pas servir. Je note ceci par rapport au général Beauregard, dont on doit estimer le civisme et la fermeté; je ne puis d'ailleurs faire mention de toutes ces petites particularités.

ment, et Briez, je m'en rappelle, ne faisoit pas là-
dessus autant de fond que son collègue. Cette lettre
nous confirma au moins dans l'idée où nous étions,
que Custine commandoit l'armée du Nord, et
même qu'il existoit encore un armée du Nord. Quant
à l'autre conjecture, nous en fûmes durement dé-
sabusés le vendredi 14 juin, où le général Ferrand
et la municipalité reçurent deux lettres du duc
d'Yorck. Elles contenoient une sommation formelle
de rendre la place à S. M. l'Empereur, avec l'al-
ternative d'une capitulation honorable pour la garnison, et protection pour les habitans, ou d'un
siége meurtrier et destructeur. Celle à la municipalité étoit plus pressante ; elle insinuoit l'insurrection, en engageant les habitans à *écarter*, *à prévenir par leur influence*, *les malheurs incalculables
auxquels Valenciennes alloit être livrée*. Pour cette
fois l'*influence* fut nulle ; la municipalité osa pourtant essayer un commencement de délibération. Mais
la réponse du général, qui envoya copie du serment
prêté sur la grande place quelques jours avant, en-
traîna rapidement celle de la municipalité, et fit disparoître toutes ces lenteurs bourgeoises. Ce serment,
pour le dire ici en passant, que l'on a toujours jugé
ne devoir pas être d'une exécution rigoureuse, devoit au moins produire le bon effet de lier, par un
acte solemnel, la volonté des chefs, et les empê-
cher de se livrer avec trop de précipitation aux idées

de capitulation. Il y avoit à peine un quart-d'heure que le duc d'Yorck avoit reçu la réponse à sa sommation, que le feu commença. La première bombe partie d'Anzin éclata dans la rue de Tournay, au milieu de cent cinquante personnes, sans blesser qui que ce fût. Un aide-de-camp qui se trouvoit-là à cheval, resta ferme sans faire le moindre mouvement, et à l'instant, comme le remarque le Père Duchêne dans sa réponse à la sommation du duc d'Yorck, *les cris de vive* la Nation *éclatèrent aussi promptement et plus fort encore que la bombe.* Deux batteries seulement donnèrent ce soir-là, l'une à Famars, de deux ou trois pièces, qui battoient sur les quartiers de Cambrai, de Notre Dame et du Béguinage; l'autre établie à Anzin, étoient de six mortiers, qui jouoient tous à la fois de quart-d'heure en quart-d'heure. La majeure partie des bombes de celle-ci tomba dans les fossés et sur les ouvrages avancés; le reste porta sur la'rue de Tournai. On y répondoit de la citadelle et de la porte de Tournai, par des bombes, des boulets et des obus. A deux heures du matin, on parvint à incendier une ou deux maisons à Anzin; dès ce moment la batterie se tut pour ne plus tirer que la nuit suivante, à cinq pièces seulement, tandis que celle de Famars continua toute la journée du samedi.

Quoique le bombardement n'eût été que peu dangereux les trois premiers jours, on s'attendoit de la part des malheureux habitans à tout ce que peut inspirer la consternation et le danger de tout ce qu'on a de plus cher. Une explosion imprévue et affreuse pouvoit à chaque minute écraser toute une famille sous les débris de la maison qu'elle habitoir. Les patriotes, malgré leur résolution inébranlable de tenir ferme, ne pouvoient pas être insensibles à une situation aussi déplorable : ils sentoient même combien la défense de la place devenoit difficile, au milieu de la fermentation d'un peuple aigri par le désespoir. Déjà dès le 16 il y avoit eu un rassemblement considérable de femmes, que la cavalerie avoit dissipé : il se forma de nouveau le soir, sous les auspices de la municipalité, et je vis avec inquiétude, mêlés parmi ces femmes, des hommes mornes et sombres, de ces ames fortes et sensibles, telles qu'on en trouve dans la masse du peuple, bons, mais terribles quand ils sont exaspérés : *va*, disoit l'un d'eux à sa femme, les lèvres tremblantes et pâles, *s'il t'arrive quelque chose, tu ne périras pas seule.* Il fut ordonné aux hommes de rester à la porte, et les femmes en entrant se précipitèrent avec leurs enfans aux pieds des municipaux, les priant avec larmes de prendre pitié de leur sort. Les municipaux, qui avoient arrangé la scène, prirent alors un rôle, et adressèrent cette multitude de femmes éplorées au général et aux commissaires qui étoient présens. Cochon répondit avec la douceur et la fermeté convenables : une des femmes lui dit, avec le cri d'une douleur furieuse, comme si elle se fût adressée à une divinité terrible : *Monsieur, quand cesserez - vous donc votre colère sur nous ?* Paroles énergiques, sublimes même, qui seront pour ceux qui ont une ame, le trait caractéristique de ce tableau. On jugera par-là que Cochon portoit tout l'odieux des malheurs de Valenciennes. La longue vénération qu'on avoit pour Ferrand, son caractère doux et paternel, écartoient la haîne de dessus ses cheveux blancs, tandis que Briez, quoiqu'uni de sentiment et d'intentions avec son collègue, étoit ménagé, tant parce que son caractère le portoit moins en avant, que parce que ses habitudes à Valenciennes, (1) faisoit espérer qu'il prêteroit plutôt l'oreille à quelque tempéramment. Ainsi Cochon restoit seul en but aux mortifications amères de la municipalité, et à toute la malveillance populaire. Aussi dès les premiers jours, il fut exposé à des violences, et dans un attroupement un homme lui porta sur la poitrine la pointe de son sabre. « Faut-il, disoit-on, pour un étranger, laisser « perdre une ville toute entière, pour un homme « qui n'a ici ni femme, ni enfans, ni propriétés, « sacrifier les femmes, les enfans, les propriétés de « tant de citoyens. »

---

(1) Où il a été procureur-syndic.

La garnison, sans s'arrêter à toutes ces particularités, fut universellement surprise et indignée qu'on eût osé parler de se rendre : les canonniers menacèrent de tourner quelques pièces sur la ville, si cette scène se renouvelloit. Les malveillans cessèrent alors de s'agiter, et se bornèrent à des imprécations contre Cochon, et même à quelques tentatives pour s'en défaire, espérant qu'au moins ils parviendroient à le décourager et à épuiser sa fermeté. Les amis de la chose publique sentirent vivement la position de ce député, et lui marquèrent leurs inquiétudes, qui furent encore augmentées, lorsqu'ils lui entendirent affirmer avec douleur, que cette nuit-là même, étant sur le rempart de Mons, il avoit espéré qu'une bombe ou un boulet l'emporteroit. Il vint le même jour 17, à la citadelle, où il trouva toute l'énergie qu'il avoit lieu d'espérer. On y parla avec quelque suite de l'état des affaires, et pour anéantir la coalition des bourgeois, qui commençoit à se former sous la protection municipale, contre ce qu'on appelloit les étrangers, il lui fut proposé nettement de casser la municipalité, de créer un comité militaire, composé de soldats, et de quelques bourgeois bien connus, d'établir une commission pour juger tous les délits de trahison, enfin de se loger à la citadelle, d'où il ne sortiroit qu'avec des hommes sûrs et bien armés, et comme les ménagemens qu'on avoit pour Briez , dans la ville , faisoient craindre qu'on ne voulût l'opposer à son collègue et nationaliser , pour ainsi dire , le parti bourgeois , par sa qualité de député , on proposa aussi de le suspendre , en contestant , pour sauver la forme , ses pouvoirs de commissaire , qui en effet étoient susceptibles de quelques difficultés (1). Cochon rassura entièrement les esprits sur son collègue , et la suite des évènemens apprit qu'il l'avoit bien jugé ; quant aux autres mesures , aucune ne fut adoptée , le mal ne paroissant pas assez grand pour un remède aussi violent ; mais aussi bientôt le mal fut plus fort que le remède , et il ne fut plus tems ni possible de l'appliquer.

Tel fut le mouvement intérieur de la ville dans les premiers jours du bombardement. Le lundi 17 , on apperçut quelques dispositions pour une sortie par la porte de Mons. L'intention parut être seu-

____

(1) Il faut dire ici qu'à l'instant du blocus il se trouvoit à Valenciennes cinq députés-commissaires à la frontière du nord , Briez, Dubois-Dubay , Cochon , Bellegarde et Courtois. Les deux premiers , à la fin de juin , devoient se rendre en commission à Maubeuge. Le 23 , la ville étant sur le point d'être bloquée , il fut arrêté qu'on tireroit au sort les deux qui devoient rester. Briez étant pour ainsi dire de la ville , et plus au fait des localités , consentit à demeurer , sans même tirer au sort ; et celui auquel échut le dez , fut Cochon.

lement

lement d'aller sonder la tranchée des ennemis, qui déjà se prolongeoit à une portée de pistolet, sur l'ouvrage à corne. Cent hommes du vingt-neuvième, et autant de la Nièvre, furent commandés, et s'avancèrent vers les sept heures du soir. Mais une mousqueterie terrible sur tout le front du boyau et des pièces à mitrailles, placées sur les flancs, eurent bientôt averti nos gens que l'approche étoit impossible : en conséquence, on rentra précipitamment dans le chemin couvert. C'est sans doute ce petit mouvement qui donna lieu aux bruits exagérés qui coururent en France d'une grande et triomphante sortie de la garnison de Valenciennes, puisque cette prétendue sortie se trouve précisément sous la même date que notre apparition hors des palissades, car on ne peut appeller d'un autre nom l'affaire du 17. Nous fûmes fort étonnés, en rentrant parmi les nôtres, d'apprendre tous nos vaillans exploits ; on se seroit épargné la peine d'élever à notre gloire ces trophées imaginaires, si l'on avoit bien fait attention au défaut de cavalerie, dont nous n'avions que deux détachemens de cent hommes au plus. Au moins ai-je toujours entendu citer ce manque de cavalerie, pour raison, à ceux qui demandoient à sortir. Aussi le duc d'Yorck nous en fit une épigramme assez piquante pour trouver ici place.

Il fit mettre dans une obus non chargée le N°. du *Courrier Français*, dans lequel étoit le brillant

B

récit de notre sortie : on lança cette obus sur nos
ouvrages avancés , dans l'espérance qu'elle seroit
ramassée et fouillée , comme c'étoit l'usage pour
les bombes et obus qui n'éclatoient pas. Il paroît
que celle-ci ne fut pas apperçue, et nous n'apprîmes le
fait que du duc d'Yorck lui-même, qui le 26, demanda
des nouvelles de son journal à nos parlementaires.
Il est inutile de parler de quelqu'autre tentative
qu'on fit encore pour approcher des travaux ennemis. On parloit toujours de sauter dans le boyau
la bayonnette au bout du fusil , et je me rappelle
qu'un jour Beauregard , qui dirigeoit ces sortes de
coups de main , défendit au détachement de Loire
et Cher de porter des gibernes : mais les soldats pourtant prirent des cartouches dans leurs poches. On
n'eut pas plus de succès que la première fois , et il
suffit de dire que ces affaires étoient de si peu de
conséquence , qu'aujourd'hui même une partie de la
garnison ignore peut-être si elles ont eu lieu.

Il a toujours paru , à la manière dont l'ennemi
nous recevoit , qu'il étoit bien instruit d'avance du
plan et de l'objet de notre attaque , il est même
difficile de douter qu'il n'ait eu très-exactement et
jour par jour le bulletin de ce qui se passoit dans
la place. On en a eu mille preuves incontestables ,
et des preuves journalières. La force des postes et
le nom même des détachemens qui s'y trouvoient
leur étoit connu ; au point que si ce détachement

avoit beaucoup de recrues , il étoit presque sûr d'être inquiété la nuit, (1) tandis que d'autres composés de vieux soldats reposoient presque toujours tranquillement. Pour ne point laisser de doute sur cette connivence des ennemis intérieurs avec les assiégeans , je citerai deux faits , dont je garantis l'authenticité. Le général avoit accordé une prime de dix sols par chaque obus chargée , qu'on rapportoit , et le soldat en descendant de bivac, en ramassoit ordinairement lorsqu'il en trouvoit dans les fossés, et il appeloit cela : *gagner son bivac.* Quelques jours après , une obus tomba sur une maison où se trouvoient plusieurs personnes, entre autres un officier de la Côte-d'Or. Comme elle n'éclata point , on la déboucha , et on trouva dedans , au lieu de la charge de poudre , un papier sur lequel étoit écrit: *Bon pour dix sols payable aux porteur.* Un autre jour, Ferrand se plaignit dans un de ses ordres , que le bataillon permanent avoit refusé de marcher aux palissades , ajoutant même qu'il n'auroit point de part à la gratification accordée dans ce temps-là à la garnison. Croiroit-on que dès le lendemain , l'ennemi, du fond de sa tranchée, en

____

(1) On parle ici pour le temps du blocus , car durant le bombardement, l'ennemi , pour diriger son feu sur les ouvrages qu'il lui importoit de détruire , s'informoit peu de la qualité des soldats qui s'y trouvoient.

B 2

parloit à nos gens. Les volontaires de la Nièvre doivent se souvenir des injures et des plaisanteries qu'ils entendirent ce jour-là contre ce bataillon permanent. Le duc d'Yorck même affecta de déclarer à nos parlementaires, le 26 juillet, (1) qu'il n'avoit rien ignoré de tout ce qui se passoit dans la ville, ajoutant que seulement on l'avoit trompé sur la force de la garnison, qu'il croyoit bien plus considérable.

On se demandera ici naturellement comment ces communications pouvoient avoir lieu dans une circonstance où la vigilance la plus sévère étoit permise, et même commandée. Les malveillans avoient d'abord le moyen des fusées volantes, moyen qui paroît très-borné à la vérité, mais dont pourtant on s'est servi assez fréquemment. Il nous déserta aussi plusieurs hommes, et d'ailleurs les paysans qui alloient faucher leurs fourrages hors de nos sentinelles perdues, vers Notre-Dame, Anzin et le Mouton noir, pouvoient laisser dans la plaine des billets dont on les auroit chargé. Les obus sont encore en ce genre un moyen aussi simple, aussi sûr qu'il est ingénieux ; et le déserteur qui se rendit à nous le 20 juillet, affirma sans hésiter que c'étoit ainsi que la municipalité correspondoit avec

---

(1) Il leur montra une liasse de bulletins qu'il avoit reçu jour par jour durant le siége, et notamment celui du 26, où étoit détaillé avec une exactitude précieuse tout le mouvement de la ville,

les ennemis. (1) Mais notre propre imprudence dispensoit assez les traîtres de chercher tant de ruses. Durant plus de cinq semaines, les fautes un peu graves ne furent punies que de la déportation. Un ivrogne, un homme qui avoit tenu des propos, ou manqué au service, étoit chassé de la ville ; et il y en eut peut-être qui, plutôt que de déserter directement, ce qui n'étoit point sans quelque risque, préférèrent de se faire ainsi renvoyer : genre de désertion très-commode, puisqu'au lieu de tirer sur eux, comme c'est l'usage sur les déserteurs, on leur faisoit la conduite. Les patriotes inquiets, en avertirent plusieurs fois les commissaires et le général, qui répondoient : *que voulez-vous que ces gens-là rapportent à l'ennemi ?* Pourtant un jour au conseil de guerre, un jeune homme s'éleva avec tant de force sur les inconvéniens de cette conduite, en présentant plusieurs articles très-préjudiciables pour nous, que ces expulsés pouvoient *rapporter à l'ennemi,* que sur le champ, Ferrand se leva en disant : *il a raison !* et de suite le conseil arrêta qu'on ne renverroit plus personne de la ville. Mais l'habitude en étoit tellement prise, qu'à la fin de la même séance, où il fut question de faire évacuer la citadelle à une foule de femmes qui y vendoient de

---

(1) Je reviendrai plus bas sur les déclarations étonnantes de ce déserteur.

la bière ; on ordonna encore au commandant de la citadelle de faire conduire hors des palissades la première qui oseroit s'y présenter ; et comme on rappella alors l'arrêté qui venoit d'être pris, il y eut quelqu'un qui en saisissoit si peu l'esprit, qu'il reprit : *oh ! c'est différent ici, ce sont des femmes.*

Avant que de passer outre, je dois donner une idée de ce qu'étoit le conseil de guerre de Valenciennes. Il étoit composé de tous les officiers généraux, des chefs des différens corps et administrations militaires, des représentans du peuple, du directoire du district, de la municipalité, et présidé par le commandant en chef. Les clubistes y siégeoient aussi, mais sans voix délibérative ; ceux-ci, pour éviter la confusion, se réservèrent d'envoyer à chaque séance leur président et deux membres de la société. Je n'ai pas remarqué qu'il y ait jamais eu beaucoup de suite, d'ordre ou d'intérêt dans les délibérations, peu ou point de discussion ; j'ai même vu que le conseil n'étoit pas précisément au fait des limites de sa compétence, puisqu'on y traitoit des objets qui certainement n'en étoient pas, et que souvent aussi on a terminé, sans lui en parler, des affaires majeures, qui sembloient lui appartenir. (Par exemple, le renvoi de madame Meltier, dont il sera question plus bas.) Elle partit à six heures et demie, et le conseil s'assembla à sept. Je croyois qu'on en feroit au moins un rapport quelconque au conseil ; il n'en fut pas dit un seul mot, quoique plusieurs des membres eussent des observations à présenter sur cette affaire. En général, il m'a paru que Ferrand avoit de la déférence pour l'avis des députés, et les chefs de corps plus encore pour celui du général. C'est ce qu'on remarquera dans toute assemblée composée de militaires de différens grades. L'inférieur y oublie difficilement qu'il délibère en présence de son chef, et celui-ci se souvient presque toujours que l'autre est son subordonné.

Outre le conseil de guerre, qui tenoit tous les deux jours, il y avoit un *comité de siège*, qui s'assembloit tous les matins. Le premier avoit pour objet l'administration, la police et la discipline ; le comité s'occupoit exclusivement des opérations militaires et de tout ce qui avoit rapport à la défense de la place. Je me dispenserai de parler de sa composition et de son esprit, parce que je n'y ai jamais assisté, et qu'il ne m'en a point été fait de rapport sur lequel je puisse compter.

Le 18, c'est-à-dire le lendemain de la sortie dont on a parlé plus haut, nous fûmes assaillis d'un feu terrible, qui dura sans interruption depuis deux heures et demie du matin jusqu'à dix. Les bombes et les boulets froids et chauds pleuvoient sur la ville, et leur sifflement continuel déchiroit l'air : on nous battoit de trois points principaux, Famars, Marly et Saint-Sauve, outre quelques pièces ambulantes, qui rouloient dans le chemin creux, entre ces deux derniers endroits. Le rempart répondit avec non moins de vigueur; on démonta plusieurs pièces aux assiégeans, et le général Ferrand parut fort content de la matinée. Il assura ce jour-là, que notre feu nous coûtoit 57 milliers de poudre. Les boulets criblèrent beaucoup de maisons, et les bombes firent quelque ravage. Les habitans respiroient depuis 10 heures, on voyoit déjà régner dans les maisons cette joie qui succède à un grand danger auquel on vient d'échapper, lorsque tout-à-coup le feu de la tranchée recommença avec une nouvelle violence. En un instant les rues, qui s'étoient repeuplées, furent désertes; chacun rentra dans ses maisons, on s'ensevelit dans les caves, redoutant à chaque minute le coup dont sa personne et sa propriété étoit menacées. Une partie des militaires gagnèrent la citadelle, qui se trouvoit hors de la portée des bombes, et qui voyoit se noyer à sa droite et à sa gauche des milliers de boulets. Depuis, et ce fut probablement sur un avis donné à l'ennemi, il resserra l'angle que formoient ces deux batteries, et la citadelle reçut un assez bon nombre de boulets, dont beaucoup même enfiloient presque l'entrée. Ce fut alors qu'on s'occupa avec activité du soin de loger les familles dans les souterrains et les cazemates réservés aux soldats, et que la garnison de la citadelle offrit généreusement de céder tous ses lieux couverts, et de coucher sous la toile pour placer les femmes et les enfans dans ses quartiers. C'étoit le seul moyen d'éviter l'explosion de la douleur désespérée du peuple ; car l'existence des bourgeois dans leurs maisons étoit intolérable sous la pluie des boulets et des bombes, et ceux qui ont observé le mouvement des esprits, savent que la multitude se seroit plutôt jettée sur nos batteries, que de continuer à vivre encore quelques jours dans un pareil état.

Je n'entrerai pas dans le détail journalier du feu de l'ennemi et des accidens multipliés qui arrivèrent dans la ville, ainsi que de nos pertes. Il suffira de dire que l'on ne passa pas une seule journée sans tirer, et que le repos étoit au plus de six heures chaque jour, tant vers deux heures du matin, qu'à dîner et avant le souper. Le tonnerre de tant de bouches à feu répété au loin par l'écho, l'élan majestueux et terrible des bombes, le sifflement du boulet ; mille éclairs qui sillonnoient le ciel, tout cela formoit la nuit sur la ville une magnifique horreur, je veux dire, un mouvement aussi imposant à l'œil et à l'imagination, qu'il étoit déchirant pour l'ame. Je comptai une nuit, depuis 11 heures jusqu'à deux, 723 bombes ; on en voyoit souvent 15 ou 18 en l'air, et j'en ai vu partir 8 à la fois de la même batterie à Saint-Sauve. L'incendie qui se manifestoit dans plusieurs endroits ajoutoit encore à l'affreux intérêt de ce tableau. Alors on dirigeoit sur ce point un grand nombre de mortiers, afin d'écarter les secours, et la maison se consumoit sous une voûte de bombes. Dès le quatrième ou cinquième jour, le feu prit à la grande église de Saint-Nicolas, qui touche aux remparts en face de Marly. Ce fut toute la nuit comme un vaste édifice de feu ; la tour qui brûloit dans l'intérieur, semblable à un volcan, vomissoit par en haut des torrens de flammes, et des tourbillons de fumée où éclatoient des millions d'étincelles. L'incendie de l'arsenal offrit un spectacle non moins frappant, mais plus affligeant pour les amis de la chose publique ; tout y fut dans la même nuit la proie des flammes ; des armes de toute espece, dont 14 mille fusils, une prodigieuse quantité de mèches, de sacs-à-terre, de peles et de pioches, des affûts et des roues de rechange, enfin beaucoup d'ustensiles pour l'artillerie, tout fut réduit en cendres ou calciné. On ne sauva que quelques pots à feu, qu'un canonnier intrépide dont je voudrois savoir le nom, alla chercher, au péril de sa vie, et rapporta à travers les flammes. L'ennemi contemploit avec joie les effets destructeurs et terribles de sa vengeance, et à chaque fois que le feu éclatoit en ville, nous l'entendions des palissades de la citadelle, crier : *VIVAT, VICTORIA, VICTORIA.* On m'a même assuré qu'à telle heure de la nuit que l'incendie parût, la musique du camp célébroit cet évènement par des fanfares, comme un triomphe. Ne l'ayant pas entendu, et ne me rappellant pas de qui je tiens cette particularité, je ne puis en rien dire de positif.

Les incendies ne furent pas aussi fréquens qu'on avoit lieu de le craindre dans un bombardement aussi furieux. Il est vrai que la bombe met rarement le feu, et la roche inflammable même qu'on y introduit souvent ne produit cet effet que sur des matières très-combustibles, et à défaut de tout secours. Quant aux boulets, tous n'étoient pas également chauffés à fond, et quoique leur séjour sur un plancher commençât à en charbonner le bois, je doute que sans une extrême négligence, ils eussent pu mettre le feu à un bâtiment. Quoiqu'il en soit, c'est un grand bonheur pour la ville, que ce fléau ne se soit pas joint à tant d'autres ; elle eût été infailliblement réduite en cendres, vu l'état d'abandon où étoient la plupart des maisons, et le peu de secours qu'on parvenoit à se procurer. Les pompiers, quoique bien payés, ne marchoient qu'à grande peine ; les officiers municipaux qu'on vouloient y envoyer pour prévenir le désordre, s'y refusoient lâchement. Je me souviens qu'un jour deux d'entr'eux s'étant enfin déterminés à remplir une mission quelconque dans la ville, rentrèrent après une demi - heure, comme s'ils s'en fussent acquittés ; et ces deux braves, que je pourrois nommer ici, nous prêtèrent bien à rire, quand le commissaire des guerres Brucy, qu'ils étoient chargés d'accompagner, écrivit à la municipalité une lettre du persiflage, où il demandoit, en raillant finement, des nouvelles de ces deux pauvres commissaires disparus à ses côtés dans la marche. On finit par commander des soldats pour aller éteindre les incendies. Plusieurs de ma connoissance y perdirent la vie. Ainsi cette brave jeunesse épuisée par le service militaire, après avoir bivaqué sous un feu meurtrier, venoit encore se sacrifier pour sauver la propriété d'un homme, qui reposoit en sûreté au fond d'un souterrain, et qui peut-être méprisoit le soldat.

Cesssons un instant de nous occuper de l'intérieur, pour nous porter aux remparts et aux palissades. Ce fut pour moi un spectacle bien extraordinaire, quand j'allai en faire le tour après la fameuse canonnade du 18, de voir le sol des bastions et des courtines semé de boulets, et criblé de trous de bombes ; le rempart sur-tout depuis Cardon jusqu'à Poterne, me parut un long cimetière, où l'on auroit creusé des milliers de fosses. Ce ravage m'imprima un sentiment profond de la puissance des bouches à feu, sentiment qui n'étoit point affoibli par la vue de plusieurs ca-

nons et mortiers ébr chés, renversés, brisés même.
Il parut bientôt que le véritable point de l'attaque
étoit sur le bastion Poterne : il étoit battu avec
tant de force, qu'il demeura quelque tems aban-
donné, et le désordre y étoit tel, que nous l'ap-
pellions entre nous *la porte du duc d'Yorck*. Les
ouvrages avancés devant ce bastion, ainsi que devant la courtine de Mons, et le bastion national,
n'étoient pas moins vivement foudroyés ; et une
pluie presque continuelle de bombes, de boulets,
d'obus, de grenades et de pierres (1) rendoient
cette partie très-meurtrière pour la garnison. L'ennemi, vers les premiers jours de juillet, diminua
beaucoup son feu sur la ville, pour le diriger là.
S'appercevant que la terreur qu'il avoit cherché à
inspirer aux habitans, ne produisoit pas son effet,
il se fixa plus particulièrement à l'attaque des
ouvrages, persuadé que nos pertes dans cette partie donneroient à la longue l'avantage au parti municipal.

Ce parti s'agitoit toujours sourdement, tantôt par
des lettres anonymes menaçantes, écrites au conseil, tantôt par des pétitions souscrites dans les sou-

---

(1) On en recevoit par jour dans certaines places d'armes
du chemin couvert, la charge de plusieurs voitures. On assure qu'ils ont dépavé des routes et des villages pour nous
accabler de cette grêle effroyable.

terrains par un grand nombre de personnes. Une de ces pétitions étoit ridiculement signée, *un tel, pour toute sa famille, un tel, au nom du peuple*, &c. &c. Mais voici d'autres tentatives plus régulières et plus énergiques, mais non moins infructueuses. Le 26 juin, la municipalité voulut favoriser une espèce de sédition de femmes : il s'en attroupa un certain nombre sur le midi, sous prétexte de demander du pain, objet auquel les représentans du peuple avoient pourvu par une somme de 100,000 livres mise entre les mains de la municipalité. Ceci n'étoit que

---

(1) La municipalité chargée de la distribution de ces secours s'accoutumoit volontiers à les regarder comme les siens et non ceux de la république, et elle s'en servoit même pour ses vues. Elle fit un jour une adresse, que quelqu'un appela *maladresse de la municipalité*, dans laquelle elle déploroit en termes un peu couverts, de ne pouvoir, *en se rendant*, faire cesser les malheurs des habitans. Elle parloit en même temps des secours abondans que sa main bienfaisante versoit dans le sein des infortunés. Les représentans furent indignés que dans cette pièce lamentable et jésuitique il ne fut aucunement mention de la nation qui accordoit ces secours. La planche fut changée, les exemplaires déjà tirés disparurent, et les municipaux se virent ainsi ravir tout l'honneur d'une si bonne œuvre. Il parut piquant qu'un d'eux, le jour où l'on arrêtoit les articles de la capitulation, vint nous demander encore pour le même objet la somme de 100,000 livres. Mais on ne jugea pas à propos de leur accorder cette petite satisfaction avant notre départ.

l'escarmouche d'un combat plus vif qu'on devoit livrer le soir : on fut instruit à temps que la scène du 16 devoit se renouveller. La municipalité avoit convoqué clandestinement un conseil-général pour dix heures de nuit , heure à laquelle on s'attendoit bien que les commissaires et le général non-prévenus ne s'y trouveroient pas. Le même jour, à l'appui de toute cette trame, un enfant de dix à douze ans parut sur la place, se disant de retour de Bouchain, où *Ferrand l'avoit envoyé, en lui donnant pour sa récompense vingt - quatre livres moitié en argent , moitié en papier. Il avoit vu (ajoutoit-il) Custine qui lui avoit ordonné de dire au général Ferrand qu'il étoit dans l'impossibilité de secourir Valenciennes , qu'il eût en conséquence à prendre son parti, et à rendre la place &c. &c.* Des soldats qui entendirent ces propos les jugèrent suspects et coupables , et s'étant saisi de celui qui les débitoit avec tant d'impudence , ils le menèrent devant le conseil. Là , après bien des grimaces et même quelques convulsions, ce petit garçon bien madré, déclara qu'il avoit reçu un billet de dix sous et de l'eau de vie de quelques femmes , qui lui avoient fait sa leçon pour aller la débiter sur la place. Il reconnut même une de ces femmes , qu'on amena au conseil de guerre. Celle-ci nia tout , assurant n'avoir d'autres liaisons *qu'avec un vieux jeune homme,* et M. Benoit , municipal, *qui connoissoit bien,* disoit-elle, *son tempéramment*. On la menaça de la faire pendre, si elle ne déclairoit ceux qui l'avoient mise en jeu. Enfin le juge de paix s'en empara pour l'interroger dans les formes, et depuis, personne n'a plus entendu parler de toute cette affaire. Ce qui me frappa le plus, ce fut l'affirmation positive de l'enfant, qui protesta qu'il avoit vu quelques volontaires chez cette femme, ce qui annonçoit qu'on travailloit la garnison. Les inquiétudes augmentèrent à cet égard par les aveux que fit avant de mourir un sergent-major qu'on fusilla pour vol le 30 juin. Ce malheureux, trois minutes avant de subir son sort, dit au prêtre qui l'accompagnoit, qu'*il vouloit au moins dans ses derniers momens servir sa patrie; que beaucoup de soldats de la garnison et LUI-MÉME avoient reçu de l'argent, qu'on avoit payé des soldats pour enclouer les pièces du rempart, et ne tirer qu'à poudre sur les retranchemens ennemis*, (1) &c. &c.

____

(1) On a reproché à la garnison de s'être laissé corrompre par l'or du duc d'Yorck, et Lequinio m'a dit qu'il en avoit les preuves matérielles. Sans doute il les produira; pour moi, j'avoue que les fréquens avis que je recevois à ce sujet, comme président de la société, ne m'ont jamais paru assez positifs pour déterminer mon opinion. Je sais que quelques individus, et même quelques corps, ont tenu une mauvaise conduite à la fin du siège; mais il y a des gens qui n'ont pas besoin d'être payés pour être lâches; et il étoit fort inutile d'ailleurs d'acheter de nous une place qui n'étoit pas tenable.

Quant

Quand ce curé, un des braves canonniers du bastion *Sainte-Catherine* me fit part de ces aveux l'instant d'après, je lui reprochai de n'avoir pas fait suspendre le supplice, afin de s'assurer de l'existence du complot, et d'obtenir des détails. Mais tous ceux qui ont assisté à l'exécution se rappelleront que ce prêtre étoit si hors de lui-même dans ce triste moment, qu'il n'est pas étonnant que l'idée ne lui en soit pas venue.

Il seroit trop long de rapporter tous les détails du travail sournois de la municipalité pour hâter la reddition de la place. Elle rencontroit toujours en son chemin les commissaires qui se contentoient de joûter avec elle, et de lui barrer le passage, au lieu de la réprimer sévèrement. J'examinerai plus bas les motifs de cette conduite des municipaux, et de la mollesse des commissaires et du général à leur égard ; je veux finir cet article par un dernier trait qui y a rapport. Dès les premiers jours de juillet, le conseil-général rédigea un procès-verbal dans lequel il déclaroit formellement : 1°. Que la peste étoit dans la ville ; 2°. qu'il ne restoit que peu d'officiers de santé, et point du tout de médicamens ; 3°. enfin, que la brèche étoit faite au rempart. Ce chef-d'œuvre devoit être arrêté définitivement le soir même, et sans doute imprimé, pour être répandu avec profusion. Les patriotes en eurent avis, et Briez, qui communiquoit davantage avec les municipaux , leur en fit tant de honte et de peur , en leur assurant que son collègue vouloit les laisser s'enferrer dans cette démarche , pour les faire juger un jour , qu'ils se décidèrent à retirer leur procès-verbal menteur.

Le duc d'Yorck , pendant que l'on combattoit pour lui dans l'intérieur , continuoit toujours son attaque au-dehors. Nous eûmes à diverses reprises une sorte d'assurance que ses provisions s'épuisoient , parce qu'il jetta sur la ville des boulets de grès , et une très-grande quantité d'obus. Ces boulets, pour le calibre de 27 , pesoient 7 livres ; les obus lancées sur la ville crevoient presque toutes en l'air , la mèche étant trop courte , pour l'espace qu'elles avoient à parcourir avant de tomber ; ce qui nous confirmoit dans l'idée de la pénurie qu'il commençoit à éprouver. Mais bientôt le feu qui reprenoit avec la même vivacité que dans le commencement , détruisoit notre espoir et nos conjectures. Le 5 , une de nos obus mit le feu à un petit magasin à poudre de l'ennemi, puis successivement à trois tas de bombes, qui éclatèrent avec grand bruit. On dit avoir vu sauter en l'air des hommes et des éclats de roues. (Les ennemis, depuis qu'ils sont à Valenciennes , ont dit que cette explosion ne leur avoit coûté que trois hommes.) A l'instant, comme pour se venger, ils firent une décharge de trois pièces sur un groupe des nôtres , qui se forma auprès de l'obusier heu-

reux, (1) et de suite ils tirèrent sur cette même
pièce plus de 150 boulets, sans avoir pu l'atteindre.
On m'a dit qu'un coup pareil s'étoit renouvellé le
lendemain. De notre côté, nous éprouvâmes deux
fois au moins le même accident, et il me revient
à ce sujet le trait d'un canonnier que je vais rapporter. La veille de l'explosion dont j'ai parlé ci-
dessus, une bombe tomba sur la courtine de Mons,
et mit le feu à deux ou trois barrils de poudre. Un
canonnier assis tenoit alors entre ses jambes une
bombe qu'il étoit occupé à charger ; cette bombe
s'allume, le fait sauter par morceaux dans le fossé,
tue deux de ses camarades ; le feu prend en même-
tems à d'autres bombes et aux canons, et il se fait
une explosion générale dans cette partie de la courtine. Deux canons seulement restoient chargés ; un
canonnier, nommé Placet, eut au milieu de tout
ce fracas la présence d'esprit de les pointer, et d'y
mettre le feu en se relevant, *afin*, disoit-il, *que*
l'ennemi ne s'apperçût pas que c'étoit un accident.

Le feu, comme on l'a déjà dit, se rallentit beaucoup sur la ville, depuis le 2 juillet. La nuit du 4
au 5, il n'y tomba que 12 à 15 bombes, et une
vingtaine de boulets ; mais il fut terrible sur les
palissades, et cette nuit, deux compagnies de gre-

____

(1) Cet obusier placé seul à l'avancée de St. Sauve, étoit
ce jour là dirigé par un officier, qui avoit tiré au hasard
sur quelques saules où se trouvoit le magasin.

C 2

nadiers du 29ᵉ. furent commandées pour soutenir les bivacs. (1) On aura une idée de la vivacité du feu sur tout le front de l'attaque, quand on saura qu'on donnoit 40 sols par heure à ceux qui alloient travailler à réparer les palissades et le rempart, et à déblayer le pied des bastions, des décombres amassées au-dessous des brêches. Le ciel y paroissoit toujours couvert d'un épais nuage de fumée, et d'une poussière rougeâtre de briques, qu'élevoit le boulet ou les éclats de bombe en frappant le rempart. La citadelle ne souffroit aucunement au milieu d'une si formidable attaque, et il ne se tiroit pas un seul coup de canon sur ses ouvrages. On avoit d'abord pensé que c'étoit à la citadelle qu'on en vouloit véritablement, et même il existe un préjugé populaire, que c'est par-là que la ville a toujours été prise. Lorsque l'attaque fut bien prononcée sur le front de Mons, le commandant d'un des deux bataillons (la Charente) qui gardoient la citadelle, sollicita Ferrand en plein conseil, de porter son bataillon en ville, afin d'être avec ses frères au poste de l'honneur, c'est-à-dire du plus grand danger. Le général s'y refusa quelque tems, craignant toujours quelque surprise de ce côté, et ne voulant pas par cette raison déplacer des hommes qu'un assez long usage avoit mis au fait des ouvrages très-compliqués

____

(1) Ce régiment combattit toujours avec une valeur remarquable, et ses pertes sont grandes ; mais les habitans parvinrent à ébranler sa fidélité.

de la citadelle. On prit à la fin de juin un arrange-ment qui concilia tout ; ce fut d'envoyer alterna-tivement chaque jour, une compagnie de la Charente et de la Côte-d'Or, avec la compagnie des grenadiers, qui marchoient ainsi tous les deux jours. Alors le travail ou plutôt le danger devint plus égal , et les bataillons de la ville furent soulagés de 100 hommes par jour.

Les chaleurs excessives qui se déclarèrent de-puis le 6 juillet , n'affoiblirent en rien l'activité des opérations de part et d'autre. L'ennemi, dans son boyau , dût en être plus incommodé que nous; (1) mais nous en sentîmes plus vivement la privation de viande fraîche , de légumes et de bierre , qui commençoit à devenir fort rare. Le vinaigre qu'on fit distribuer dans ce tems-là aux soldats fut d'un grand secours. L'état des subsis-tances de la troupe n'étoit nullement inquiétant : on s'étoit mis dès le commencement à la viande salée , afin de ménager la viande fraîche pour les malades. On avoit aussi supprimé dans le même tems ce qu'on appelle le pain de supplément , qui fut remplacé dans la suite par une égale quantité de biscuit. On peut dire que le soldat ne fut ja-

____

(1) Les pluies nous eussent été sans contredit plus avanta-geuses. Une pluie d'environ 24 heures sur les derniers jours mouilla tellement la tranchée du côté de Marly , que les canonniers y manœuvroient les pieds dans l'eau.

mais mieux nourri ; ayant outre sa ration ordinaire, des légumes secs, du fromage et du lard. Des bourgeois même très - aisés étoient bien éloignés d'avoir un aussi bon ordinaire, et je voyois les femmes que nous logions dans nos quartiers, non pas nous porter envie, car nous partagions avec elles, mais nous féliciter sur notre nourriture. L'eau-de-vie et le vin étoient en abondance dans nos magasins, et généralement dans la ville, sur-tout le vin ; et l'ennemi a dû trouver à son entrée près de 50 bœufs, 14 mille livres de beurre, une très-forte quantité d'excellente viande salée, et le reste en proportion. Quant au bourgeois, le pain et le vin étoient presque sa seule nourriture, et deux livres de viande fraîche faisoient un repas de nôce pour toute une famille. Je ne parle point des privilégiés, car j'ai entre les mains un billet écrit à un boucher, et *Signé*, BENOIT, municipal, lequel se termine ainsi : *un gigot pour moi, une épaule pour M. Pourtalès,* (maire) *nous feront plaisir, je l'attends.*

En fait de finances, nous étions également éloignés du besoin, plus heureux que la garnison de Condé qui, à ce que j'ai ouï dire à Chancel lui-même, se trouva sans le sou dès le premier mai. Le jour de la capitulation, nous avions environ 1,600,000 liv. en papier, et 120,000 liv. en numéraire. On paya sur-le-champ pour près de 600,000 liv. d'ordonnances, et l'ennemi a pu trouver un million où 1,200,000 liv. dans notre caisse. L'état des munitions de guerre n'étoit pas à beaucoup près aussi satisfaisant. Nous commençâmes le siége avec 140 bouches à feu, et 750 milliers de poudre (1). Il en fut consommé 540 milliers, et sans savoir précisément ce qu'on a pu perdre de pièces, je sais certainement qu'il y avoit 67 bouches à feu, seulement sur le front de l'attaque, le jour où nous perdîmes les palissades. Les boulets de 24, et les bombes étoient entièrement épuisés : il nous restoit à peine quelques bombes de 12 pouces. Nous n'avions plus une seule obus, on en avoit heureusement ramassé six mille lancées par les ennemis, et qui n'avoient pas éclaté. Ces obus étoient de 6 et 8 pouces ; celles de 6 nous servoient comme obus, et nous jettions celles de 8 dans des mortiers au lieu de bombes.

____

(1) Monestier, directeur de l'Arsenal, n'en avoit d'abord accusé que 600 milliers ; le surplus fut découvert par la suite. Ce Monestier, suspect aux patriotes, se brûla la cervelle le 16 juin, deuxième jour du bombardement. Les papiers déchirés qu'on trouva chez lui après sa mort, ne donnèrent pas sujet de le regretter. On a raisonné diversement sur les causes de son désespoir. Ce que je sais, c'est qu'il n'aimoit guères la révolution, que sa tête étoit au-dessous de sa besogne, et que la veille, au conseil de guerre, Cochon lui parla très-vivement, le menaça de le suivre de près, et de ne pas lui faire de grace, s'il ne marchoit pas droit.

C'est avec ces moyens que nous attendions pa-
tiemment les secours de l'armée Française. Le général s'étonnoit tous les jours, à toutes les heures
même, de ne pas la voir paroître. Les vives et fréquentes canonnades qu'on entendoit où qu'on croyoit
entendre bien distinctement, tantôt vers Maulde,
ou vers le Quesnoi, plus souvent vers Bouchain, et
qui faisoient tous les matins la nouvelle du jour,
affermissoient notre espoir. La conviction étoit telle
à cet égard, que le huitième jour tout au plus du
bombardement, le bruit se répandit dans toute la
ville que la porte de Tournay étoit débouchée,
que les Chamborans étoient au village de Raismes,
et qu'une puissante colonne les suivoit, poussant
l'ennemi à droite et à gauche. La joie des habitans
à cette heureuse nouvelle est inexprimable ; mais
elle fut de courte durée, et bientôt ils retom-
bèrent dans un abattement plus profond. Des indices qui paroissoient certains nous donnèrent encore plusieurs fois l'espérance d'embrasser nos frères
de l'armée du Nord, et de les remercier de notre
délivrance ; mais ce fut tout aussi vainement. Le
14 juillet sur-tout, il étoit difficile de n'y pas être
trompé. Ce jour-là, à six heures du matin, un feu
de file extraordinaire et supérieurement nourri,
parti d'abord de la hauteur de Famars, se prolongea
à trois reprises différentes sur toute la longueur de
la tranchée. Nous nous disposions alors à faire la

fédération ; on ne songea plus qu'à la célébrer en combattant vaillamment à l'appui de l'attaque de Custine, car personne ne douta d'abord que la tête de son armée ne fût déjà aux prises avec les assiégeans. On battit la générale, et tout le monde prit les armes pour faire une sortie, qui assurément eût été vigoureuse. Mais n'entendant plus rien dans la plaine, ni derrière les hauteurs, nous restâmes en ville, nous épuisant en conjectures sur ce mouvement singulier. Les uns pensoient que le duc d'Yorck avoit voulu se réjouir à nos dépens, en nous faisant croire un moment à la présence de notre armée dans le voisinage, d'autant plus qu'on affirmoit que la fusillade s'étoit faite le dos tourné à la ville. Ceux qui savent que l'ennemi ne perd point sa poudre à de pareilles amusettes, croyoient plutôt qu'il avoit voulu faire une fête en contre-partie de la fédération. Les cris de *vive le roi* qu'on entendoit dans les boyaux, et les plaisanteries sur la convention (1) confirmoient assez cette opinion. Nous apprîmes depuis que cette bruyante scène avoit eu lieu en réjouissance de la reddition de Condé. En effet, depuis plusieurs jours ils nous crioient que Condé étoit à eux, et que Valenciennes

____

(1) Il y avoit entr'autres un braillard qui se tuoit de crier du fond de la tranchée : *président, je vous demande la parole.*

leur appartiendroit bientôt. Nous n'étions pas disposés à croire ni l'un ni l'autre, et le drapeau tricolore que nous voyions flotter sur le clocher de Condé, nous rassuroit. Voici comme nous en eûmes la nouvelle positive. Le 14 au soir, un trompette apporta au général Ferrand une lettre de Custine, portant l'ordre de permettre la sortie de Valenciennes à la citoyenne Meltiez, femme du rédacteur de l'Argus, qui étoit grosse, et près d'accoucher. A la lettre de Custine étoit joint le consentement du général Autrichien, mais avec cette condition que la personne ne rentreroit pas en France, et se transporteroit à son choix ou à Mons, ou à Bruxelles, ou à Condé, ce qui nous avertissoit assez que Condé n'étoit plus à la France. On présumoit pourtant encore que ce pouvoit être une ruse de guerre : mais dans la matinée du lendemain, la présence du trompette chargé de la réponse ayant suspendu le feu, il y eut une espèce de cession d'armes, durant laquelle les Anglais et les Français, sortis de leurs ouvrages, se mêlèrent dans la plaine ; on but ensemble, on causa, on s'embrassa. C'est-là que les soldats et les officiers s'accordèrent à nous protester sur l'honneur que Condé étoit rendu, et que la fusillade de la veille s'étoit faite à cette occasion. Ils nous donnèrent même des détails sur l'état déplorable et glorieux de la garnison, à sa sortie de cette ville. Ce fut ce même jour, je crois, qu'ils nous apprirent que Marat avoit été poignardé par une femme de Rouen, qu'on avoit pendue avec Barbaroux son complice ; que 24 députés, qui avoient voté pour un roi, étoient arrétés à Paris, et qu'il y avoit de grands troubles à Lyon, à Marseille et à Bordeaux. (1) L'entretien des deux armées fut brusquement terminé à 11 heures, par une des plus fortes canonnades que nous ayons faites de tout le siége ; et si nous en croyons le déserteur qui nous arriva quelques jours après, l'ennemi eut ce jour-là près de 2,000 hommes tant tués que blessés.

Ce seroit ici le lieu de rapporter les conversations fréquentes de quelques-uns de nos postes avec ceux des Anglais ; les attentions de ceux-ci pour nous, leur naïve amitié, qui le plus souvent ne pouvoit s'exprimer que par des caresses. Il n'y a pas entr'eux et les Allemands de la mésintelligence, comme on l'a dit, mais bien l'aversion et le mépris le plus fortement prononcés ; ils ont été jusqu'à nous donner de leurs cartouches pour tirer sur les Autrichiens, en nous avertissant du lieu par où s'avançoit un peloton de ces derniers. J'ai sur ce point des particularités curieuses et authentiques, mais qui allongeroient trop mon récit. Je suis obligé, par le même motif, de restreindre ce

____

(1) Je rapporte précisément ce qu'ils nous dirent ; je sais d'ailleurs qu'il y a quelques circonstances peu exactes.

que j'aurois à dire sur le mode général de notre défense. Car enfin on doit s'étonner que dans l'histoire d'un siège aussi mémorable, il ne soit point question des officiers du Génie, et que je n'aye encore présenté aucune de leurs opérations. On peut dire que si des bombes et du canon, du canon et puis des bombes composent tout le système de la défense d'une place, Valenciennes a été très-bien défendue. Mais si l'on exige un plan savant et suivi, de la prévoyance pour deviner les desseins de l'ennemi, des conceptions grandes et hardies pour les déconcerter, je suis fâché de n'avoir à cet égard que très-peu d'éloges à donner au Génie. Je reviens aux détails de l'attaque.

L'ennemi avoit cessé depuis quelque temps de pousser en avant son boyau sur la corne de Mons. Le travail qu'on y remarquoit toujours faisoit conjecturer qu'il cherchoit à éventer nos mines. Notre inquiétude devint plus sérieuse, lorsque nous vîmes jetter une terre marneuse et blanchâtre sur le revers de la tranchée ; car on savoit de plusieurs mineurs instruits que les mines de ce côté reposoient dans une couche de cette nature. Vers le 20 juillet, un déserteur se présente aux palissades. La sentinelle le menace de tirer sur lui, s'il ne se retire ; c'étoit l'ordre absolu du général, ordre qui a toujours paru à plusieurs très-peu conforme à notre intérêt. Cet homme, (c'étoit un fran-comtois fait prisonnier à

affaire de Griswel,) s'avance avec assurance, quoi-
ue couché en joue, et crie: *sentinelle Français, vous
erez coupable d'avoir tué un citoyen qui vient pour
auver Valenciennes et la république de France.* La
entinelle étonnée appelle l'officier du poste, qui lui
même fait avertir le général; enfin on se détermine
l'admettre. Après nous avoir donné des nouvelles
ositives (1) de notre armée, ce déserteur nous dé-
ailla avec la dernière précision tous les travaux
des ennemis, le nombre des soldats et des travailleurs. Il nous apprit qu'ils avoient fouillé la terre
jusqu'aux palissades sur trois points différens, et
qu'ils cherchoient nos mines pour les faire sauter,
n'osant pas se présenter à l'attaque directe des che-
mins couverts. Il parla sur tous ces objets avec tant
d'exactitude et d'assurance, décrivant l'étendue, la
profondeur et la distance des diverses galeries,
qu'on lui demanda comment, étant simple soldat,
il pouvoit être aussi instruit. Il répondit qu'il avoit
préféré travailler à la contre-mine, plutôt que
de monter la tranchée, qui étoit très-meurtrière;

---

(1) Un déserteur nous avoit dit quinze jours auparavant,
que Dunkerque étoit pris, l'armée française battue et poussée
jusques par de-là Péronne, et que Marie-Antoinette, avec
son fils, s'étoit sauvée en Angleterre, &c. &c. Il nous
parut sans mauvaise intention, et débitant de bonne foi
les bruits qui couroient dans le camp. Je dois dire aussi
que nous n'en crûmes pas le moindre mot.

et qu'il s'étoit appliqué à étudier les ouvrages, dans l'intention de nous être utile. Sur le soir on le conduisit aux palissades habillé en volontaire ; là il indiqua tous les endroits dont il avoit parlé le matin, demandant que sa tête répondît de tout ce qu'il avançoit.

On s'attendoit à voir prendre quelque grande mesure, d'après des déclarations aussi motivées, qui confirmoient d'ailleurs les indices que nous avions déjà. Il fut résolu d'abord qu'on jetteroit le lendemain des cominges sur la place, où le déserteur avoit montré qu'étoient les galeries, afin de créver le terrein, et d'y étouffer les travailleurs ; cette idée s'exécuta en effet, mais sans succès. En même-tems on débourra les mines, afin de pouvoir juger plus sûrement si l'ennemi travailloit ; on se mit aux écoutes, et tous ceux qui y descendirent, les mineurs eux-mêmes, s'accordèrent à déclarer qu'on n'entendoit rien. Enfin, on commença deux fouilles en diagonale, partant du saillant de l'ouvrage à cornes ; on n'eut pas assez de tems pour pousser ces ouvrages. Nous étions pourtant déjà assez près des fourneaux de l'ennemi, puisque le jeu des globes de compression, le 25, ensevelit deux ou trois de nos mineurs dans une de ces galeries. Le même jour quelqu'un proposa au comité de mettre le feu aux mines ; mais on observa (1) que cette opération

____

(1) Cette observation pouvoit être combattue par la pos-

ne se faisoit que lorsque l'assiégeant étoit maître du chemin couvert , et cherchoit à s'y établir ; que c'étoit un grand hasard qu'il rencontrât précisément nos mines , et par le fait , il est certain qu'elles ne furent point éventées. Le comité s'en tint donc aux mesures dont j'ai parlé ci-dessus , et l'on attendit l'événement (1).

Le 23 et le 24 , la tranchée nous battit avec

---

sition de l'issue de nos mines , qui débouchent au pied du chemin couvert, et non dans le corps intérieur des ouvrages. Aussi le directeur des mines me répétoit-il souvent , *répondez moi des palissades , et je vous réponds des mines.* En effet , il me paroît certain que l'ennemi ne pouvoit pas s'emparer du chemin couvert , sans être maître de la bouche de nos mines.

(1) On a reproché bien ridiculement au commissaire Cochon d'avoir empêché qu'on ne fît sauter les mines, et d'être cause par là de la prise de Valenciennes. Tous les hommes un peu au fait de ce qui se passoit dans cette ville , savent que les commissaires ne se mêloient aucunement des opérations militaires. Ils n'alloient au comité, où tout cela se traitoit, que pour surveiller ; aussi ne signoient-ils point les procès-verbaux des délibérations. J'affirme que Cochon ne se trouva point au comité de siége , lorsqu'on y décida la question des mines. Et si Ferrand répondit le soir aux plaintes amères des soldats de Dauphin sur ce qu'on n'avoit pas fait sauter les mines , *qu'il n'en avoit pas été le maître* , cela doit s'entendre sans doute du comité , et non des représentans , puisque Ferrand lui-même n'étoit point d'avis qu'on y mît le feu.

furie ; une nouvelle batterie placée sur la droite d'Anzin, la plus redoutable de toutes par sa position, infestoit tout le flanc gauche de nos bastions, prenant nos pièces en rouage , et détruisant beaucoup de nos canonniers à découvert par rapport à cette batterie.

La nuit du 22 , du 23 et du 24 , quelques corps de tirailleurs ennemis tentèrent de s'approcher de nos palissades ; mais un feu vif et bien nourri les fit rentrer promptement dans leurs retranchemens. La véritable et sérieuse attaque étoit réservée pour le 25. Ce jour-là, à dix heures du soir, tout fut en mouvement autour de la place , et un feu général éclata sur nous de toutes parts. Deux mortiers battoient sur le réduit de la citadelle , dont les palissades étoient en même-tems assaillies de mousquetterie et de grenades. Tout ce bruit étoit fait pour diviser notre attention et nos forces, tandis que tout l'effort de la colonne ennemie se portoit sur les ouvrages de Mons. Nous avions de ce côté fortifié les postes et les réserves , et nos gens fusilloient sur la plaine , lorsque tout-à-coup l'explosion de trois globes de compression (1) fit sauter deux de nos places d'armes, de 50 hommes chacune , et ouvrit un large passage par le déchirement de la

----

(1) Précisément aux endroits indiqués par le déserteur.

palissade

palissade. (1) L'ennemi s'y précipita au même instant avec impétuosité , en poussant des hurlemens
affreux : *tue , tue , tue , weich patriote* ; (*vilain
patriote.*) Nos soldats , froissés de la chûte , et
couverts de terre , ne se relevèrent que pour gagner
les réserves qu'ils trouvèrent abandonnées , et déjà
au pouvoir de l'ennemi. Les braves soldats de la
Côte-d'Or, de la Charente , et des Deux-Sèvres , se
battirent vaillamment en retraite jusqu'aux poternes ;
les assaillans les y suivirent , alors la déroute fut
complette , et on nous tua beaucoup de monde.
Une de nos poternes étoit comblée de cadavres en-
tassés ; parce qu'on craignit de l'ouvrir, de peur que
l'ennemi n'entrât pêle-même avec les fuyards ; plusieurs de ceux-ci se firent monter par les brèches ,
d'autres errèrent dans le fossé jusqu'au lendemain
matin , redoutant à chaque instant la mort , où ne
l'évitant qu'en se couchant au milieu et même par
dessous les cadavres. Je me rappelle qu'un soldat
du 29e. légèrement blessé à la tête , se sauva ainsi ,
fut dépouillé parce qu'on le crut mort , et rentra
dans la ville par la brèche, absolument nud. A ce
moment , je ne sais si c'étoit un coup prémédité ,
ou une négligence, mais les mineurs ne se trouvèrent

---

(1) Les trous formés par l'explosion sont d'une profondeur
énorme , et j'ai estimé à la vue qu'il faudroit au moins
6,000 bottes de foin pour les combler.

D

point à leur poste, et on pouvoit faire du mal, ou au moins en imposer à l'ennemi, en mettant le feu aux mines qui restoient intactes. De plus, le rempart se tût entièrement dans une circonstance aussi décisive, où il devoit protéger nos gens et foudroyer les glacis. Je défie qui que ce soit des canonniers de me démentir ; mais j'avance comme certain, que toutes les batteries étoient alors abandonnées, et il ne se trouvoit que la sentinelle au bastion Poterne, à la courtine ; &c. &c. &c. Le bastion national de Cardon, et du magasin au bois, où étoient les canonniers bourgeois, tirèrent seuls sur le flanc, et 67 coups à mitraille partis de ce dernier, incommodèrent fort les assaillans. Il est vrai que ces postes étoient sans comparaison plus tenables que les autres, dont j'ai parlé plus haut.

L'étonnement fut extrême en ville, de voir rentrer en désordre une partie de notre monde, disant *qu'on étoit trahi, et que jamais ils ne retourneroient aux palissades,* &c. &c. Plusieurs paroissoient se traîner péniblement par l'effet de leur chûte, et la commisération tempéroit le mouvement d'indignation qu'excitoit la lâcheté de beaucoup d'autres. On sut alors que l'ennemi étoit maître de l'ouvrage à cornes de Mons, et comme on vint annoncer que l'avancée de Cambrai étoit aussi en son pouvoir, il fut résolu de faire battre la générale, et on chercha Ferrand pour qu'il en donnât l'ordre, le commandant temporaire ne croyant pas devoir prendre cela sur lui. On fit en attendant, marcher le régiment de Dauphin, (29ᵉ.) et quelques autres détachemens, (1) pour tenir les ennemis en échec. Plusieurs estiment qu'ils seroient entrés dans la ville cette même nuit, s'ils avoient eu l'audace et la vivacité Française. On m'a dit depuis, mais je ne le garantis pas, que le duc d'Yorck avoit assuré à nos parlementaires, que si les échelles eussent été prêtes, ses gens seroient montés sur-le-champ à l'assaut. Ce qui est plus certain, c'est que Ferrand, placé sur la contre-garde de Cardon, leur en imposa par sa résolution, et en commandant bien haut sa petite escorte, comme s'il eût eu 12 ou 1500 hommes avec lui. Quoiqu'il en soit, l'ennemi, après avoir dépouillé tous les morts, se retira en grande partie dans ses ouvrages, sans chercher à s'établir dans les nô-tres, excepté dans la Corne, où il jetta sur-le-champ nombre de travailleurs. Si le rempart eût donné, il est sûr que tous ces postes n'étoient point tenables pour eux ; et dès le lendemain, Beauregard leur en enleva à la mousquetterie trois ou quatre. (2) Mais le coup étoit porté au cœur de

____

(1) Qui ne passèrent point les poternes.

(2) Tholosé, directeur du Génie, demandoit le 25 à mi-nuit un seul bataillon, et répondoit sur sa tête de chasser l'ennemi du chemin couvert et de la corne.

la garnison. Toute la nuit on chercha à ramasser des canonniers ; on en tira quelques-uns de leurs tentes, les autres ne voulurent point marcher. Il en fut à peu-près de même de l'infanterie ; et ce relâchement fut à son comble le lendemain, lorsqu'on vit paroître un trompette qui vint, le drapeau blanc à la main, proposer une capitulation honorable pour la garnison, avec menace de l'assaut et de ses suites, à défaut d'une réponse affirmative avant 4 heures du soir. Dès ce moment, on posa les armes pour ne plus les reprendre, au moins il ne se tira plus un coup de fusil, et nous cessâmes tout travail aux remparts, quoique l'ennemi parût redoubler d'activité à l'ouvrage qu'il faisoit dans la corne de Mons. La municipalité eut l'adresse de faire imprimer promptement et répandre avec profusion les deux lettres du duc d'Yorck, et nous fîmes la faute, nous, de demander une cession d'armes de 24 heures. J'en témoignai d'abord mon étonnement à Cochon, prévoyant qu'à la cessation du feu tous les peureux, les malveillans et leurs domestiques, alloient fondre sur nous du fond de leurs caves, et nous forcer la main. Son motif étoit louable : il espéroit que vingt-quatre heures de plus pouvoient donner à notre armée le tems de se présenter ; mais par la même raison aussi, on nous les auroit refusées ces vingt-quatre heures, si notre armée eût été en état de causer quelqu'inquiétude.

[53]

Une fois que les Bourgeois eurent pris l'air, il auroit fallu livrer un sanglant combat pour les faire rentrer aux souterrains; et les soldats ayant, pour ainsi dire, posé les armes, il eût fallu un autre combat contre eux pour les leur faire reprendre. La municipalité alors s'occupa du soin de monter le peuple: elle dressa une réquisition au général, réquisition qui n'étoit que la copie de ce procès-verbal supprimé dont il a été parlé plus haut. On y joignit une raison plausible, et qui parut fort juste; c'étoit la réciprocité des obligations de toute ville de guerre avec la mère-patrie, le défaut des secours de celle-ci, la longue et cruelle résistance de Valenciennes. Tout ce morceau fut lu publiquement le 26 à une heure sur le perron de la maison commune, au bruit des applaudissemens et des *bravos* de la multitude. La fermentation croissoit sensiblement, et Cochon, qui étoit près de-là à la porte d'un de ses amis, rentra prudemment pour se soustraire à des insultes qui pouvoient dégénérer en mauvais traitemens. Ce fut alors que le bataillon de la Charente descendit de la citadelle, et s'avança sur la place en bon ordre au pas de charge, bien décidé à protéger la liberté des délibérations du conseil, et à écarter l'influence de la multitude. On eut la foiblesse, que peut-être on appellera prudence ou humanité, de le faire rentrer sur-le-champ dans ses quartiers, en vertu d'un ordre supérieur, et la

D 3

grande place devint alors le théâtre de la sédition.
On cria *aux armes* de toutes parts, on menaça d'é-
gorger tous ceux qui ne vouloient pas accepter la
capitulation, et deux régimens parurent presqu'au
même instant pour appuyer l'insurrection populaire.
Dans le même temps des soldats pilloient les ma-
gazins de vivres et d'habillemens; on les voyoit revenir par les rues avec des charges énormes de bas,
de souliers, de culottes &c. &c., qu'ils vendoient au
prix le plus bas. D'autres portoient des bidons pleins
d'eau-de-vie ou de vin. Ceux-ci étoient la plûpart
dans un état pitoyable d'ivresse, et ce souvenir
m'inspire encore en ce moment un sentiment de
dégoût et d'indignation (*).

Ce fut au milieu de cette anarchie populaire et
militaire, dont la prudence m'oblige à supprimer les
détails particuliers, qu'on agita la question de la
réddition de la place. On jugea à propos, avant tout,
de consulter le Génie. Tholosé, directeur, homme
d'un vrai mérite, se chargea des raisons tirées des
principes de son art, et établit dans un rapport très-
bien fait, que la ville ne pouvoit pas tenir encore
six jours. Je crois qu'il soulagea bien du monde;
tous se retranchèrent derrière son rapport, à l'ex-
ception de quelques chefs (1) qui déclarèrent qu'ils

----

(1) Je ne me rappelle que le colonel du 87ᵉ. (Dillon)
et le commandant de la Charente.

s'en tenoient à leur serment de s'ensevelir sous-les ruines de Valenciennes. Ce trait honore peut-être leur courage personnel , mais j'affirme hautement qu'il étoit inutile dans cette circonstance, où la garnison avoit laissé connoître sa foiblesse, et le peuple senti sa force. J'oubliois de dire qu'il avoit été arrêté que chaque membre donneroit son avis motivé par écrit , et signé. Si jamais ces opinions paroissent, ce dont je doute, le public sera à même de juger l'embarras où on se trouva dans cette séance entre la crainte d'être compromis, et le désir secret de revenir en France , joint à l'impossibilité bien connue de tenir plus long-temps. Cet embarras fut encore plus sensible le lendemain , lorsqu'il fallut rédiger le procès-verbal , pièce ostensible sur laquelle la république devoit nous juger. Je vis le moment où il se trouveroit que personne n'avoit voté la reddition, qui pourtant étoit arrêtée. Chacun se défendoit, commentoit son opinion de la veille; mais les municipaux concilioit tout , en prenant tout sur eux, parce que restant à Valenciennes, ils n'encouroient qu'une responsabilité incertaine , où au moins très-éloignée. On ajourna néanmoins la rédaction de ce procès-verbal épineux, pour s'occuper d'arrêter les articles de la capitulation. Nous y demandions les honneurs de la guerre , et même la faculté d'emmener l'artillerie de la place, sûreté pour tous les habitans , quelqu'eussent été leurs opinions où faits légaux, liberté de se retirer où bon leur sembleroit, et de plus, des indemnités pour les pertes que leur avoit occasionné le bombardement, (article qui fut rayé comme dérisoire.) exemption de corvées militaires, maintien des tribunaux et administrations, et des ventes faites de biens nationaux, circulation des assignats &c. &c. Trois commissaires furent chargés, sur les trois heures, de porter ces articles au duc d'Yorck, qui débuta par leur dire en riant : *ah! ah! messieurs, si je ne voulois plus moi à présent.* On entra en matière; mais nos commissaires à leur retour témoignèrent être peu satisfaits de la conférence. Il parut alors que la municipalité, étonnée de se voir elle-même avec nous à la merci du vainqueur, auroit voulu n'avoir pas été aussi vîte. On envoya de nouveau six députés, dont trois du peuple et trois de la garnison pour essayer d'obtenir quelque chose ; ils revinrent le 27 à trois heures , annonçant que tout, étoit arrangé , et que nous retournions en France prisonniers sur notre parole. On en fut satisfait dans l'état où étoient les affaires, et sans s'inquiéter autrement du reste des articles, on sut seulement que nous ne pourrions plus servir contre les puissances combinées, ni contre leurs alliés dans tout le cours de la guerre. Honte aux lâches qui ne verroient dans cette condition qu'une paix perpétuelle pour eux, qui en feroient un prétexte pour ne plus servir!

Le soir même, des détachemens Autrichiens occupèrent les ouvrages avancés, et les postes extérieurs de la ville et de la citadelle, conformément à un des articles convenus ; et les habitans nous donnèrent, les 5 jours suivans, le spectacle de la contre-révolution. Le drapeau national fut ôté du beffroi, l'arbre de la liberté coupé ; les cavaliers bourgeois voltigoient par les rues et sur la place, brillans, bien braves, sur-tout bien frais, après un séjour de 42 jours dans les caves. (1) Ils fonçoient le sabre haut sur les citoyens désarmés auxquels ils voyoient des cocardes ; ils les firent quitter aussi à ceux des soldats (2) qui n'eurent pas assez de courage ou de civisme pour conserver ce signe que l'ennemi même nous laissa. Le prince Lambesc parut sur la place à cheval, et son triomphe y fut complet. Il recueillit les bénédictions de quelques femmes, qui l'appeloient *leur bon prince*, *leur sauveur*. Les assistans reçurent de lui une semonce un peu sèche sur leurs folies passées, et quelques écus, avec l'avertissement d'être

______

(1) Quand nous étions en présence sur la place, un plaisant de mon bataillon me demanda si je ne trouvois pas que cette cavalerie puoit le moisi. L'épigramme leur fut promptement décochée, et ils sont les seuls qui n'en voulurent pas rire.

(2) Le général Boilaud fut assailli violemment pour ce sujet ; on lui appuya une épée sur le cœur, il tint ferme, et garda sa cocarde.

plus sages à l'avenir. Tous ces actes, qu'il n'est pas nécessaire de caractériser, se passoient en présence de la garnison, qui certes devoit et pouvoit même ne pas les souffrir : car la police comme la garde de la ville nous appartenoit toujours. J'ai desiré quelquefois qu'il prît fantaisie aux bourgeois de vouloir nous couper à chacun une oreille, pour voir si enfin nous nous en serions défendus. Ce seroit pourtant être injuste, que de faire de tout cela un reproche à la garnison. Nous étions alors comme dans une déroute morale, et on sait que toute force armée qui a une fois perdu sa contenance sans avoir un point de ralliement fixe, est une force nulle. Les commissaires étoient sans pouvoirs, et Ferrand, que son caractère doux éloignoit d'ailleurs de toute mesure de rigueur, crut trop tôt son autorité expirée. Ce fut une grande faute qu'on fit de demander à rester 6 jours encore après la signature de la capitulation ; heureusement l'ennemi ne nous en accorda que 4, ce qui abrégea l'existence pénible et même très-dangereuse, que nous traînions dans Valenciennes, où la perfidie d'un malveillant, et même l'étourderie d'un des nôtres, pouvoit à chaque instant nous faire mettre en pièces. Quand je voyois les Keizerliks monter la garde et se promener dans les ouvrages du réduit, je songeois en frémissant, qu'un scélérat payé pour lâcher sur eux un coup de fusil pendant la nuit, pouvoit nous compromettre tous de la manière la plus funeste et la plus honteuse. D'ailleurs étoit-il politique de laisser le soldat s'accoutumer à voir impunément mépriser le gouvernement qu'il doit défendre, et fouler aux pieds les objets qu'il doit respecter ? quelle négligence aussi n'a-t'on pas à reprocher à nos postes (1) d'avoir laissé entrer contre les dispositions précises de la capitulation, une quantité d'officiers ennemis et d'émigrés, dont les insultes envers les patriotes pouvoient amener des rixes sanglantes ? Il est certain que ces 4 jours furent à plusieurs égards bien préjudiciables à l'esprit de la garnison, bien douloureux pour les amis de la patrie, bien ennuyeux pour tous, et tels enfin

---

(1) Je demanderai toujours, et c'est une quesion qu'il faut se faire dans toute la suite de ce récit : *pourquoi ne punissoit-on pas ?* Je sais les réponses que l'on fait à cela, mais aucune n'est la véritable. Ferrand, adoré dans Valenciennes pour sa douceur et sa bonté, n'a pas voulu, à 71 ans, y faire les fonctions de grand-prevôt, et les députés n'étoient pas d'un caractère à lui servir de suppléans en ce genre. C'est d'après cette considération qu'on les pressa souvent d'établir un tribunal qui les eût déchargé de l'odieux des jugemens. La loi que citoit Cochon à ce sujet, me parut un scrupule bien mal fondé ; et lorsqu'il ajouta qu'il ne trouveroit personne pour composer ce tribunal, il doit se souvenir qu'on lui en désigna sur-le-champ le président et deux ou trois membres très-capables, dont on avoit la parole. D'ailleurs les soldats ne nous eussent pas manqué.

que nous doutions généralement si nous sortirions de Valenciennes. Nos inquiétudes étoient vives sur-tout pour les deux représentans de la nation renfermés avec nous dans la place. La parole du duc d'Yorck nous rassuroit pour le dehors ; mais au-dedans, la fermentation étoit telle à leur égard, que rien n'étoit plus facile que de former contr'eux un mouvement populaire ; et un lâche assassin de la ville, ou un satellite de l'Autriche déguisé, pouvoit en profiter pour les égorger. On parloit tantôt de les immoler sur les ruines des maisons saccagées, disoit-on, par leur obstination ; tantôt de les garder en garantie des indemnités qu'on osoit bien encore prétendre de la république, ou en ôtages, en cas d'un second bombardement de la part des Français. La nuit même, la veille du départ, on les chercha dans les maisons où l'on savoit qu'ils fréquentoient, et ce fut le fils du maire qui fit cette recherche, ou plutôt qui conduisoit les quatre estafiers déguisés en Keizerliks qui la firent. Leurs deux secrétaires furent arrêtés et détenus : on vouloit qu'ils déclarassent où étoient les deux députés ; mais je ne pense point qu'on fût venu chercher Cochon à la citadelle, quand même on auroit su qu'il y couchoit depuis quelques jours. Les mesures les plus sages y étoient prises, pour qu'aucun bourgeois ou étranger ne pût y entrer même le jour ; et le prince Lambesc y fut refusé comme les autres.

Il est inutile sans doute de parler de notre sortie de Valenciennes, le premier août : les diverses circonstances en sont assez connues. On sait que nous défilâmes par la porte Cambrai, entre deux hayes de cavalerie et d'infanterie des armées combinées ; les Anglais tenoient la droite. La bande joyeuse des émigrés, prêtres, femmes, &c. &c. se tenoit là prête à entrer dans la ville. Excepté quelques sarcasmes partis des groupes de ceux-ci, je n'entendis pas le moindre propos offensant, ni même railleur. La contenance du soldat étoit froide et tranquille, celle des officiers fière, et la tenue des uns et des autres très-propre et même parée. Cochon étoit dans les rangs de Dauphin, il ne fut point remarqué ; mais Briez fut arrêté, graces encore aux attentions du fils du maire. Le duc d'Yorck, qui en eut promptement avis par notre général, parla sévèrement à l'officier qui s'étoit permis ce procédé, et en témoignant au député combien cela étoit éloigné de ses intentions, il ajouta : *Monsieur, ce sont vos compatriotes qui vous ont vendu.* Après avoir déposé nos armes (1) à la Briquette, cérémonie à laquelle

____

(1) Je sais que dans Valenciennes les soldats ennemis se sont fort égayés sur le mauvais état de nos fusils. Je crois en effet qu'il eût été plus convenable et plus digne de vrais militaires, de soigner nos armes jusqu'au dernier moment. Le bataillon de la Charente eut cette louable délicatesse, et ses armes furent nettoyées comme pour un jour de parade.

on n'ajouta absolument rien d'humiliant , nous con-
tinuâmes notre route par le bas de Famars, en lon-
geant les marais de Notre-Dame. C'est là que nous
apperçûmes une chaussée établie au milieu des eaux
pour la communication de l'armée , coupée par l'i-
nondation. Cet ouvrage, dont nous n'avions qu'une
connoissance confuse durant le siége , parce qu'il
étoit entièrement masqué par des massifs d'arbres
verds , me parut hardi et d'une belle exécution. La
joie qu'eurent tous les soldats , en découvrant les
postes avancés de l'armée Française , seroit difficile
à décrire ; pour moi , je ne ferai pas difficulté d'a-
vouer que la vue de la première védette fit couler
les larmes de mes yeux.

Telle fut l'issue de ce siége mémorable par l'in-
croyable vivacité du feu de part et d'autre. Plus
de la moitié de la garnison y succomba , et l'ennemi
a perdu de 20 à 22 mille hommes, si l'on en croit
ce qui a été dit confidentiellement à Ferrand par
un officier Anglais de ses amis. Je ne crois pas qu'il
existe une seule maison qui n'ait été touchée par le
boulet ; les bombes ont presqu'anéanti la rue de
Mons , la place Verte , et tout le voisinage de
l'hôpital et du munitionnaire. Les rues de Cardon,
de Tournay, Saint-Gery , Cambrai , les quartiers
du Béguinage et du marché aux Poissons, sont aussi
extrêmement maltraités : en un mot , la ville, vue
de la plaine de Mons , présente dans les deux tiers

de sa circonférence, un amas de maisons ouvertes ou démolies, tandis qu'elle paroît intacte sur le revers, c'est-à-dire, si on la regarde de la citadelle. Je ne puis assigner le nombre des bourgeois qui ont péri, soit par l'effet, soit par les suites nécessaires du bombardement. On m'assure qu'on en trouve tous les jours en relevant les décombres ; les enterremens se succédoient presque sans interruption d'une manière effrayante, et on m'apprend que depuis notre sortie, ils sont encore plus multipliés.

Je regrette que le peu d'heures que je puis donner à ce récit ne me permette pas le développement général des réflexions qu'a dû faire naître à un témoin oculaire la vue de ces événemens importans. Je dirai seulement que jusqu'au 25 juillet, c'est-à-dire pendant 42 jours d'un bombardement sans exemple, la garnison fut un modèle de patience et de courage. Réduite à 4 ou 5 mille hommes de plus de 10 mille qu'elle étoit d'abord, elle fit toujours le même service, et quoiqu'on eût à peine une nuit sur cinq, il n'échappa point le moindre murmure, pas un mot qui provoquât même indirectement la reddition. L'état des individus, je parle de ceux en activité, étoit déplorable, par la dyssenterie, la galle, et un commencement de scorbut, résultat des fatigues, de la chaleur et des nourritures salées. Les hôpitaux étoient comblés ; on y manquoit des choses les plus nécessaires, au point qu'au lieu de charpie, on étoit réduit à se servir d'étouppe et de chanvre. Aussi plusieurs de ceux qui recevoient une blessure, demandoient-ils avec instance à leurs camarades de les achever sur la place, et j'ai douté quelquefois si ce n'eût pas été un véritable devoir d'humanité, de terminer par ce triste service les cruelles et incurables douleurs de mes amis.

Au milieu de tant de fatigues et de maux, l'espoir des secours de l'armée nous soutenoit : espoir qui s'affoiblissoit à la longue, sans cependant que le service en souffrît aucunement. La reddition de Condé sur-tout laissa dans l'esprit une impression fâcheuse. Le pronostic n'étoit pas heureux en effet pour le soldat ; aussi parloit-il déjà des prisons de Maëstrick, de Liége et de Cologne comme de son séjour prochain. Les patriotes fermes dissipoient ces noirs pressentimens par le nom de Custine, (1) et

----

(1) Ce général s'occupoit alors de son *pas unique* dans le camp de Cézar. Notre confiance en lui étoit telle, qu'un de mes infortunés camarades, atteint d'une grenade à la tête, s'écria à l'instant même en tombant, *ah ! Custine, Custine, quand viendras-tu nous délivrer ?* C'est sa lenteur affectée qui nous a ravi la gloire immortelle dont nous couvroit notre résistance, si nous avions été secourus. Plusieurs personnes m'ont demandé, à moi sortant d'un blocus de deux mois, ce que je pensois des trahisons de Custine. Je ne puis certainement en rien dire, mais voici les reproches qu'il mérite à notre égard : 1°. n'avoir pas provoqué un grand et

par

par les préparatifs présumés que faisoit la république
pour venir nous délivrer et nous venger.

Cependant l'armée ne nous donnoit aucun signe
d'existence, elle ne nous envoya pas même un
espion, pour nous donner quelques promesses, qui
eût maintenu pour long-tems l'énergie des courages.
Nous fîmes partir successivement trois hommes,
chargés de pénétrer les lignes, et d'aller à notre
armée, quoique nous ne sçussions pas au juste où
elle pouvoit être. Je craignis long-tems qu'ils n'eussent voulu seulement profiter de l'occasion pour
sortir de la ville : mais j'ai aujourd'hui la cruelle
certitude qu'ils ont été surpris tous trois, et pendus
dans le camp. (1) L'un d'eux a été exécuté sur la

---

rapide rassemblement de forces, par la vive peinture de
nos maux et de notre détresse, qu'il devoit présumer, au
lieu d'endormir l'armée et le peuple par les récits mensongers
de nos vigoureuses sorties. 2°. N'avoir pas même essayé (ce
dont je suis sûr) de nous faire parvenir de ses nouvelles.
3°. N'avoir établi aucuns signaux sur les endroits dont il
étoit maître, et que nous découvrions : par exemple le drapeau tricolore élevé au Lieu St.-Amand, eût confirmé la résolution du soldat, et diminué la frayeur des citoyens foibles,
et l'audace des malveillans.

(1) Brunière, un de nos ôtages, de qui je tiens ce fait,
m'a dit avoir appris au quartier-général du duc d'Yorck,
qu'un de ces trois généreux citoyens étoit porteur d'une
lettre par laquelle nous avertissions Custine que si, dans les
premiers jours d'Août il ne venoit nous secourir, la

E

hauteur de Famars, près de la pyramide Dampierre. Nous lançâmes aussi un ballon le 15 juin, deuxième jour du bombardement, et nous en préparions un autre, dont l'ennemi a dû trouver les matériaux tout préparés au réduit de la citadelle. (1) Certes, cet

---

place seroit rendue. Comme ce fait nous supposeroit une grande ineptie, je dois le démentir. On a trouvé sur l'un de nos envoyés, un petit papier cousu dans sa jarretière de culotte, sur lequel étoit écrit, *confiance*, avec les signatures de *Briez*, *Cochon*, et *Ferrand*. Les instructions ne furent jamais données qui verbalement ; elles portoient en effet ce qui est marqué ci-dessus, et si on en a eu connoissance, ce ne peut être que par la déclaration qu'on en aura extorquée de l'un d'eux avant de le livrer au supplice.

.--(1) Le premier de ces ballons devoit porter le poids de trois livres. On y auroit mis un pigeon pour rapporter la réponse ; mais à peine pouvoit-il s'enlever avec le poids d'une livre ; il fallut réduire la charge à trois quarterons. Le paquet contenoit le procès-verbal de la prestation du serment, une lettre des commissaires à la convention, et 7 à 8 lettres particulières. Le ballon s'éleva très-bien, le vent le plus favorable le dirigeoit sur la France. La garnison l'apperçut en l'air, les cris de *vive la nation !* le suivirent long-temps, tandis que les ennemis sortis de leurs tentes près de Famars, le comtemploient, en nous criant qué *c'étoit les députés qui se sauvoient de Valenciennes*. Nous le suivîmes plus de 25 minutes à la lunette, et nous ne le perdîmes qu'après qu'il eut fait au moins deux lieues. Nous savons aujourd'hui qu'il est tombé entre les mains du général Cobourg ; il ne contenoit rien qui pût nous préjudicier. Le pre-

isolement décourageant , ce long abandon diminuera aux yeux de tout homme juste les torts , sinon de la municipalité , au moins des bourgeois. Une partie de la ville n'étoit plus qu'un monceau de ruines , mêlées de cadavres. Est-il étonnant que des malheurs dont l'imagination même ne présumoit pas le terme , ayent déterminé la conduite qu'on a tenue le 26 à notre égard. Quant aux municipaux , ils sont coupables d'avoir dès le commencement sacrifié leur devoir à la peur , et cela dans un tems où la masse du peuple se montroit bien disposée. (1) Je ne leur ai pas vu depuis le 14

---

mier papier qui se présentoit à celui qui auroit trouvé le ballon , portoit la promesse d'une récompense , en le portant à la municipalité la plus voisine. Cette municipalité eût trouvé ensuite une réquisition des commissaires Briez et Cochon , de faire parvenir de suite le paquet à la convention par un courrier extraordinaire. Le second ballon devoit porter environ 40 livres , ce qui nous eût fourni plus de ressource. J'insiste sur cet article , qui pourra être utile à d'autres villes ; sur-tout il ne faut pas négliger le moyen des pigeons.

(2) Il y avoit véritablement dans le peuple un fond de résolution et de courage , qu'on n'a point travaillé à entretenir , et que l'égoïsme trembleur des riches eût bientôt étouffé. Le courage alloit même jusqu'à la gaîté , et je ris encore de ce gros éclat de bombe , qu'un citoyen s'avisa de coëffer d'un bonnet rouge , trophée d'un genre nouveau qu'il exposa sur sa fenêtre. Au premier boulet que reçut le patriote C***, ses amis coururent au corps-de-garde , lui

juin, un seul instant d'énergie et de bonne volonté marquée. Leur froide et locale prudence ne considéra que le mal particulier de la ville, au lieu de calculer les intérêts généraux de la république dont ils étoient fonctionnaires. Le district se montra moins attaché au terroir, et il y eut même une circonstance où il prit la résolution de suspendre la municipalité. Mais les commissaires arrêtèrent le coup, toujours persuadés que la municipalité, malgré son humeur, étoit nécessaire et utile à certains égards, et que d'ailleurs ses écarts n'étoient que ceux d'une foiblesse excusable dans les circonstances.

Dois - je encore fixer mes regards sur les tristes journées qui suivirent le 25 ? Oui, cette image de la contre-révolution sera une frappante leçon pour

---

en donner la nouvelle, en lui portant un bouquet ; et on but largement à la bien venue du boulet. Un jour que je dinois au Béguinage sous le feu d'une batterie, qui cribloit tout ce quartier, trois boulets tombèrent presque à la fois sur une petite maison du voisinage. Le propiétaire chassé de chez lui se tenoit à la porte, criant de toute sa force : *eh ! eh ! qu'est-ce qui veut loger à l'enseigne des trois boulets. En voila quatre*, ajouta-t-il bientôt ; *cinq, six, &c.* enfin jusqu'à 27, qui demolirent sa pauvre habitation dans cette après-dîner. Quand on vint annoncer au citoyen Paüqué la chûte de sa cinquième maison, sa première question fut : *y a-t-il quelqu'un de blessé ? non*, lui répondit-on. *Eh bien ? tant mieux*, reprit-il, *les hommes font des maisons, au lieu que les maisons ne font pas des hommes.*

tous les partis qui déchirent notre patrie. Voilà donc, me disois-je, ce que nous verrions dans toute l'étendue de la France, si nous cessions de soutenir l'ouvrage que nous avons commencé. Les meilleurs patriotes proscrits, nos députés, ceux-là qui auroient le mieux rempli leurs devoirs, menacés de mille morts, la force armée paralysée par le découragement, ou ne se mouvant que pour augmenter le désordre; le peuple abusé nous reprochant ses malheurs comme notre ouvrage, les aggravant lui-même par son impatience inconsidérée, et se privant à jamais par-là des dédommagemens qu'il doit trouver dans le succès de la révolution. Quelle sera alors l'orgueilleuse et insultante joie de nos ennemis, et la pitié plus accablante encore de ces étrangers si souvent vaincus par nous, et qui daigneront peut-être protéger le peuple français! Combien ils seront cruellement trompés aussi ceux dont la lâcheté, où l'intrigue, où l'indifférence pour la chose publique auront amené ce funeste dénouement! ils gémiront confondus dans le même avilissement avec les plus zélés républicains : le vainqueur ne calcule point les nuances, et les municipaux de Valenciennes qui se sont montrés si foibles et si perfides, n'en sont pas moins sacrifiés à l'ancien magistrat. Cette ville est aujourd'hui sous la domination Autrichienne; tout s'y fait, ainsi qu'à Condé, au nom de l'empereur, et ces émigrés qui ont suscité la guerre au peuple pour le roi, n'ont été que les instruméns de la politique ambitieuse de la maison d'Autriche. Ainsi l'étranger seul triomphe et jouit, tandis que tout ce qui est français, de quelque parti qu'il soit, souffre également. C'est ce qu'une expérience constante (1) nous a appris depuis l'invasion du territoire français. Rallions-nous donc tous autour de la constitution, si nous ne voulons pas tous être victimes, et n'imitons pas les fanatiques de se siècle-ci, Molinistes et Jansénistes, qui se déchiroient pour des frivolités, tandis que leur ennemi commun, le Génie philosophique, se fortifioit en silence, et s'avançoit pour les accabler tous.

---

(1) J'en pourrois citer mille preuves; je me borne au fait suivant. Un chirurgien de Marly, nommé *Lucier*, s'étoit toujours montré le plus ardent contre-révolutionnaire dans ses propos. Il attendoit avec impatience l'arrivée des Autrichiens, qui, disoit-il, étoient de *fort bons garçons, qui ne faisoient pas de mal aux honnêtes gens.* Lorsque les ennemis entrèrent dans Marly le 26 mai, il étoit à sa porte avec une bouteille d'eau-de-vie et un verre à la main, pour recevoir ces nouveaux hôtes. Ce fut le premier qu'ils massacrèrent, malgré ses cris et ses protestations d'aristocratie. Vingt personnes certifieront avoir vu plus de deux mois après la peau et les os de cet homme sur un fumier.

N. B. Les deux pièces suivantes m'étant revenues, je crois devoir les joindre ici ; on jugera de quel style écrit un Républicain sous le canon de l'ennemi.

ADRESSE

DE LA GARNISON

AUX

CITOYENS DE VALENCIENNES, (1).

CITOYENS NOS FRÈRES,

Si nos bataillons pouvoient vous faire un rempart impénétrable aux boulets et aux bombes, soyéz surs qu'aucun n'atteindroit vos maisons. Vous le savez, nous sommes allés jusqu'au Rhin pour écarter loin de vous le fléau de la guerre ; et depuis que la trahison uous a ramenés dans ces contrées, nous n'avons cessé de harceler l'ennemi, et d'aller le chercher jusques dans ses retranchemens. Alors, paisibles au sein de vos foyers, vous entendiez la foudre qui grondoit sur nos têtes ; et nous, exposés à toute la violence d'un feu meurtrier, nous étions satisfaits, parce qu'au moins nos frères de l'intérieur reposoient tranquillement. Mais aujourd'hui, ce

____

(1) Le 18 Juin, lors de la première sédition.

E 4

n'est plus à nous seuls que l'on fait la guerre; on la fait aux maisons; on la fait aux vieillards, aux enfants et aux femmes, et une explosion terrible menace à chaque instant le père au milieu de sa famille. Les tyrans se sont dit : » En atta-
» quant les Français par tout ce qu'ils ont de
» plus cher, nous les vaincrons plus facilement;
» le spectacle d'une ville désolée va bientôt amol-
» lir les courages; et Valenciennes, où nous épui-
» serions dans une attaque régulière nos trésors et
» notre sang, ne nous coûtera que quelques
» bombes. » Tel est le calcul de nos ennemis; mais nous, soldats de la nation, et non pas d'une seule ville, nous déclarons solemnellement qu'ils n'en tireront nullement le fruit qu'ils en espèrent, et que, dût leur inutile rage incendier Valenciennes, ils nous trouveront encore debout sur les cendres de la ville.

Déjà d'insolentes clameurs se sont fait entendre au milieu de vous. Etonnés, nous avons du haut de nos remparts porté nos regards sur la ville; mais la foiblesse et le petit nombre des malveil-lants a contenu notre indignation. Nous avons vu la masse des citoyens, souffrant avec résignation des maux inévitables; ils savent, ces hommes gé-néreux, que leur fermeté est le salut de la ré-publique, que Valenciennes est un rempart qui protège les propriétés et l'existence de plusieurs mil-lions de Français, et que la patrie toujours juste, st assez riche pour les dédommager de tout ce qu'ils auront souffert pour elle. Eh quoi ! La France aura-t-elle employé des sommes immenses pour fortifier et approvisionner Valenciennes , aura-t-elle habillé , armé des milliers de défenseurs, pour voir cette place importante devenir en quatre jours la proie de l'étranger. Non , non , nous n'ouvrirons pas ainsi le sein de la patrie au glaive des despotes. Les cris des mères éplorées nous déchirent l'ame , mais la voix du devoir parle plus haut au fond de nos cœurs ; et si la douleur respectable de tant de bons citoyens n'ébranle point notre résolution, ce ne sera pas sans doute des cris séditieux qui pourront nous arracher de notre poste. Déjà nous vous avons tous cédé nos souterreins , nos cazemates ; si ce n'est point assez , parlez , nos mains vont vous creuser des retraites profondes, où vous serez à l'abri ; mais laissez-nous nous livrer à la défense de la place , et ne nous détournez plus de ce soin qui est sacré pour nous.

Notre Général dans sa proclamation nous parle d'assassins !... ah ! l'idée seule d'un tel attentat fait bouillonner tout notre sang. Eh bien ! que les scélérats nous comptent tous ; qu'ils voyent le nombre de victimes qu'il leur faudra frapper , ou plutôt qu'ils comptent les milliers de bras levés sur leurs têtes , pour les écraser du poids de la plus terrible vengeance.

On a dit aussi au Maire de cette ville : *C'est en*

vous que nous avons confiance, en vous que nous avons nommé, et non dans tous ces étrangers que nous ne connoissons pas! Les lâches! on les entend, mais qu'ils sachent qu'il n'y a d'étrangers ici que ceux qui n'ont pas le cœur Français. Les étrangers sont ceux qui machinent des séditions au-dedans, de concert avec l'ennemi du dehors : les étrangers enfin , sont ceux qui parlent ou qui souffrent qu'on parle de capituler avec les implacables ennemis de la république Française.

Si donc quelques insensés mis en avant par des scélérats osent renouveller une proposition que nous attribuons à un instant d'égarement , une proposition désastreuse pour les citoyens eux-mêmes, puisqu'elle les prive des indemnités qui leur sont dues, et qu'elle les expose aux horreurs d'un second bombardement de la part des Français, toute la rigueur du pouvoir militaire sera déployée contr'eux. Et s'ils trouvoient un appui dans quelqu'autorité foible ou parjure, nous saurons seuls avec les braves gens fideles à leurs sermens, nous saurons sauver Valenciennes et la conserver à la république ; et malheur aux traîtres qui oublieroient que nous avons tous juré de nous ensevelir sous les ruines de la place , plutôt que de la rendre à l'ennemi !

COUPLETS

DU PERE DUCHÊNE DE VALENCIENNES,

SUR LE BLOCUS.

Air : *la bonne aventure.*

VALENCIENNE est entouré,
  Bien fou qui s'en fâche !
Pour cela, je n'en perdrai
  Rien de ma moustache.
Nous voilà bloqués ici,
  Les filles le sont aussi.
  La bonne aventure
    O gué !
  La bonne aventure.

Il nous en est arrivé
  D'Anzin, de Beuvrages ;
Les plus belles ont quitté
  Pour nous leurs villages. (1)
Les Laides et les Mamans
  Restent-là pour les houlans ;
Ils seront bien sages,
    O gué &c.

Je sais un chemin charmant ;
  Fillettes gentilles,

(1) A mesure que les ennemis s'en emparoient.

Qui conduit l'heureux amant
   Droit au cœur des filles.
Celui-là n'est point barré ,
   Et toujours j'y passerai.
   La bonne &c.

Amusons-nous de bon cœur,
   Combattons de même ;
Que le prix de la valeur
   Soit l'objet qu'on aime.
Car je défends aux poltrons
   De tâter de nos tendrons ;
Ma part sera bonne
    O gué , &c.

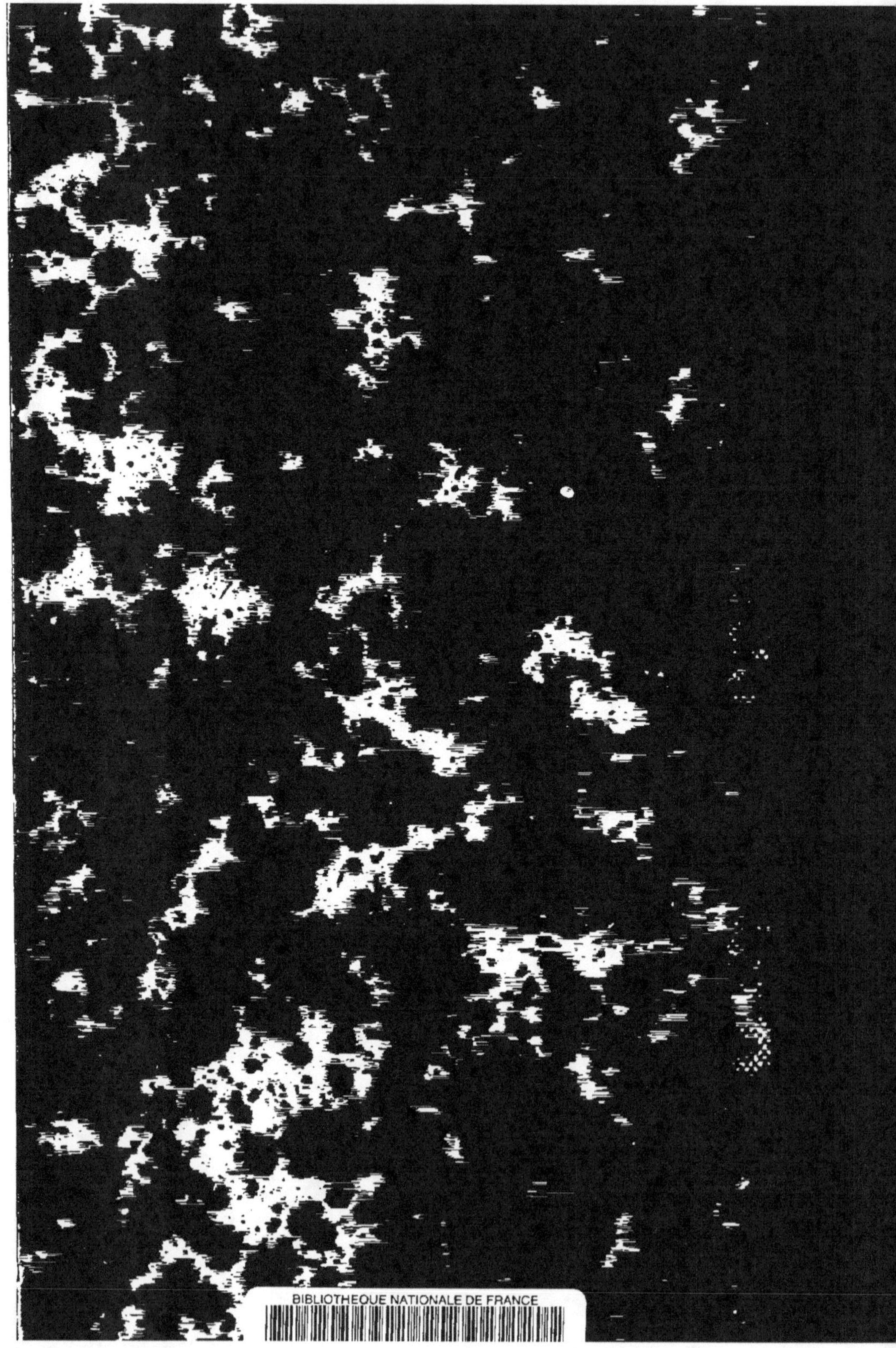